Gwendal Jaffry
Claude Bas - Yves Gaubert - Michel Philippe

Guide des NŒUDS et du MATELOTAGE

Le Chasse-Marée / ArMen
2002

Introduction

À la grande époque de la marine à voile, le marin devait tout à la fois maîtriser une multitude de techniques de matelotage et connaître sur le bout des doigts les gestes spécifiques à chaque manœuvre. Il était habile à tous les travaux effectués sur le pont et dans la mâture, qu'il s'agisse d'amarrer, de mouiller, de réparer le gréement, etc.: autant de savoir-faire indispensables à la bonne marche du voilier et à sa sécurité. Imaginez seulement les conséquences d'un étai qui vient à lâcher à cause d'une épissure mal réalisée!

Peu à peu, les progrès techniques ont changé la donne, avec l'apparition des moteurs, le développement de l'hydraulique et l'invention de nouveaux matériaux. Pour autant, même si ces apports ont modifié certains gestes des marins, les différentes techniques de base n'ont jamais disparu. Ainsi, les professionnels d'aujourd'hui doivent-ils toujours maîtriser les épissures ou les nœuds d'amarrage – même sur les voiliers de course où, malgré la débauche d'accastillage, on recourt encore à des spécialistes pour l'ensemble des travaux de gréement.

Bref, vous l'aurez compris, on ne peut pas se passer des nœuds et du matelotage, ou tout au moins d'une connaissance minimale de ces savoir-faire, comme Eric Tabarly l'écrivait dans son *Guide pratique de manœuvre* : "Il est très important pour manœuvrer correctement de savoir faire quelques nœuds. Inutile de s'astreindre à apprendre les multiples nœuds compliqués décrits dans les manuels de matelotage, et qui rebutent tout de suite le débutant. Il suffit au fond d'en connaître quatre, mais de savoir les faire parfaitement. On voit encore trop de gens qui prétendent savoir se servir d'un bateau à voile et qui se trouvent embarrassés dès qu'ils ont un amarrage à faire (il y en a encore plus parmi les pratiquants du motonautisme). Enfin, je ne pense pas que l'on puisse être considéré comme un marin si l'on ne sait pas faire quelques travaux de voilerie et des épissures."

Malgré le paradoxe, c'est dans cette optique que nous avons conçu ce guide. Ainsi, plutôt que de décrire des centaines de nœuds, nous avons préféré en sélectionner une soixantaine, la dizaine réellement indispensables et quelques autres. Et si certaines notions expliquées ici sont propres aux bateaux traditionnels, d'autres s'appliquent à tous les voiliers, quels que soient leur type, leur âge et la technologie qu'ils mettent en œuvre. Par ailleurs, il nous a semblé nécessaire de compléter cet ensemble par quelques données plus générales sur les travaux courants, comme l'art de l'épissure, du mouillage ou la réalisation adéquate d'un corps-mort. Enfin, les amateurs de pêche trouveront dans ce guide les bons nœuds pour amarrer leurs hameçons ou ramender un filet, et quelques notions de voilerie vous éviteront de vous trouver démunis quand une couture ou un œillet viendra à lâcher.

En réalisant ce guide, nous avons tenté de détailler les gestes qui feront de vous un bon matelot, de manière à ce que vous trouviez au fil des pages toutes les notions pouvant un jour vous être utiles à bord de votre bateau – du choix d'un cordage pour une manœuvre donnée à la réalisation du nœud le plus approprié à la situation. Très vite, vous vous rendrez d'ailleurs compte de l'importance de ces quelques techniques, réellement indispensables, car chaque marin est tributaire, à un moment ou à un autre, de l'état de ses nœuds et de ses cordages. Au-delà, n'oublions pas non plus que chaque bateau, dans la moindre de ses manœuvres, est le reflet de son propriétaire. Et, avouons-le, il est toujours plus agréable de passer la nuit à couple d'un voilier dont le patron aura pris soin de capeler ses aussières de manière à ce qu'elles n'entravent pas les vôtres. De même, sera-t-on beaucoup plus rassuré de voir de jolis nœuds et des manœuvres bien rangées chez son voisin, plutôt qu'un bord où les bouts s'effilochent et où les aussières traînent en paquets! Bref, ayons toujours à l'esprit la phrase d'Eric Tabarly : “Gardons nos bateaux dignes de la mer.”

Comment utiliser ce guide

Ce guide peut être consulté de deux manières. La première sera de vous asseoir tranquillement au coin du feu pour découvrir au fur et à mesure de votre lecture un véritable panorama du matelotage. Page après page, les différentes techniques s'enchaînent, illustrées avec précision pour être toujours claires, et accompagnées d'un texte détaillant l'usage de chacune.

Au-delà de cette première lecture, souvenez-vous que cet ouvrage est véritablement indispensable à votre bibliothèque de bord. Grâce à une table des matières détaillée, vous trouverez à tout moment la solution à vos principaux problèmes, qu'il s'agisse de hisser un homme dans la mâture, d'amarrer un hameçon à un bas de ligne, de réaliser une épissure sans surépaisseur, ou tout simplement de choisir le cordage qui sera le mieux adapté à vos besoins.

Enfin, si d'aventure le matelotage vous passionne, nous avons réuni à la fin du guide une liste d'ouvrages qui vous permettront d'aller encore plus loin.

Les Nœuds

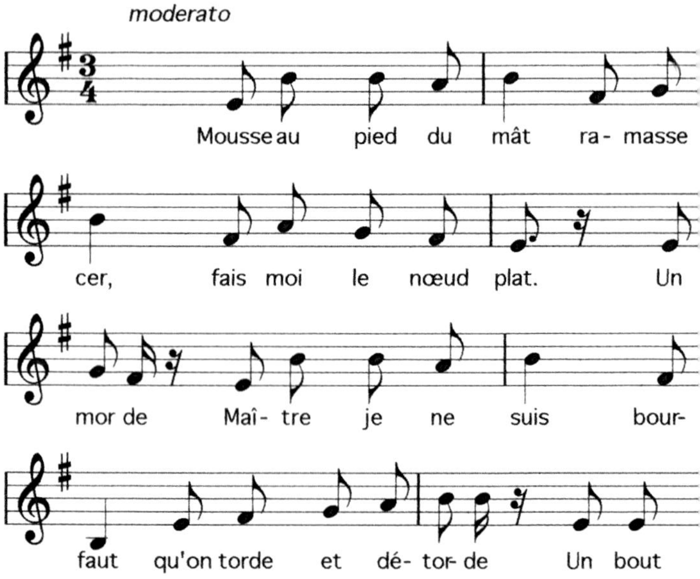

- Mousse, au pied du mât ramasse une corde
Et pour commencer, fais-moi le nœud plat.
- Un et deux! c'est fait!... Le diable me morde!
Maître, je ne suis bourgeois ni soldat;
Je sais comme il faut qu'on torde et détorde
Un bout de filin; j'apprends mon état.

- Tu jacasses trop, mousse! droit en route!
Fais-moi le tour mort avec demi-clé,
Puis le nœud d'agui, puis le nœud d'écoute.
 Les voici tous trois; est-ce bien bâclé?
- Ça ne va pas mal. A cette heure écoute,
Un cordage casse ou bien est criblé,

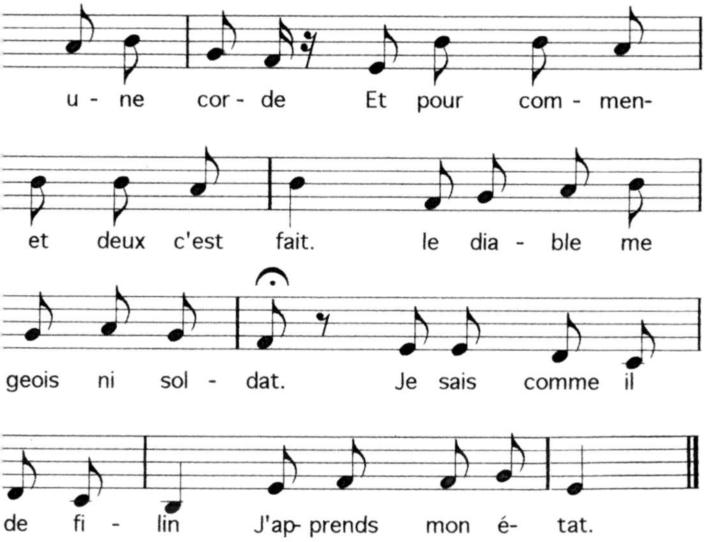

Que fait-on, mon gars? - On fait épissure
Si l'on a l'aisance et le temps pour soi;
Un nœud de hauban, si par aventure
L'on est trop pressé. - Bien! Quel est, dis-moi,
Le plus gros des nœuds? - C'est l'étalingure.
- Quel est le plus fort, mousse, d'après toi?

- Le plus fort des nœuds est un amarrage
Fait sans épissoir, goudron ni filin;
En temps de combat, en temps de naufrage,
Ce nœud-là tient bon et jusqu'à la fin;
Le plus fort des nœuds s'appelle Courage;
Le bon Dieu le fit au cœur du marin!...

Texte composé "sur un air saintongeois" par l'officier de marine Gabriel de La Landelle, et publié par lui en 1861 dans son recueil *Le gaillard d'avant –Chansons maritimes.*

DE LA CORDERIE

Dans l'atelier, où les glènes en sisal, en chanvre et en textile synthétique tressé se côtoient au mur, un cordage est en passe d'être terminé sur la machine à corder traditionnelle. Une fois les quatre torons réunis sur le croc à émerillon du carré, invisible ici, on les capelle chacun sur un crochet du touret, à l'autre extrémité de la

AU CORDAGE

machine. Là, entraînés par une manivelle, ils vont se tordre pour se commettre jusqu'à former le cordage. Et lorsque le toupin, le guide conique en bois engorgé à la forme des torons, est parvenu au touret, le cordage est terminé ; il ne reste plus alors qu'à surlier ses deux extrémités, comme ici, à la voilière ou à l'aiguille.

Une histoire très ancienne

Très tôt, l'homme a compris l'intérêt d'utiliser des racines ou des lianes, et donc l'art de les nouer. Les premières fibres naturelles sont tressées au néolithique, dès lors les progrès en la matière ne cessent plus, permettant notamment de haler des objets de plus en plus lourds en unissant la force des hommes, ou d'amarrer des troncs pour faire un radeau. Ainsi, les Egyptiens réalisaient des bouts à trois torons de très bonne qualité comme l'ont montré les exemplaires découverts dans la chambre des trésors de la pyramide de Toutankhamon.

Pour autant, il faudra attendre la construction des grands arsenaux des marines européennes pour assister à une véritable industrialisation dans la confection des cordages. Ainsi, cette fabrication systématique participait de l'activité des lieux au même titre que la construction des coques, des espars et des canons. A Rochefort par exemple, où l'arsenal est créé sous Louis XIV, on construit une corderie gigantesque – l'édifice mesure 374 mètres de long – d'où sortiront des cordages

longs d'une encablure, soit 193 mètres. Il faut dire qu'à l'époque, un vaisseau de 1000 tonneaux embarque pas moins de 50 tonnes de cordage !

Cette activité décline au XIXe siècle, notamment à cause de l'arrivée de la vapeur, et d'autres matériaux vont peu à peu supplanter les cordages naturels, comme les câbles métalliques puis, dans les années 1950, les fibres synthétiques. Aujourd'hui encore, les marins apprennent à tirer parti de nouveaux matériaux, comme le Vectran, le Spectra, etc.

Les cordages et leurs caractéristiques

Les cordages en fibres naturelles

Au terme de quelques opérations, la torsion des fibres de certaines plantes – chanvre, manille, coton, sisal, coco, jute, lin, etc. – permet d'obtenir des cordages. Mais chacun de ces végétaux possédant ses propres caractéristiques, les bouts obtenus devront être choisis en fonction de leur usage. De tout temps, le chanvre a ainsi été apprécié pour sa solidité et sa bonne souplesse, des qualités permettant d'amortir les tensions subies sans pour autant que la manœuvre ne s'étire de trop.

Ces cordages étant chers, les armateurs pouvaient opter pour d'autres matériaux, comme le manille, (moins solide et moins souple que le chanvre, mais plus léger et plus durable), le sisal (léger mais peu fiable, bien que résistant aux intempéries), le coco (encore moins solide, mais si léger qu'il flotte), etc.

La fabrication d'un cordage en chanvre

Qu'elle soit artisanale ou industrielle, la fabrication d'un cordage est simple. Dans un premier temps, les bottes de chanvre sont cardées et peignées jusqu'à obtenir des brins de longueur différente, les "premiers brins" – les plus longs, mesurant environ un mètre –- étant utilisés pour faire les cordages les plus solides.

On obtient du fil de caret en commettant ces brins de gauche à droite. A ce stade, on peut fabriquer un toron, en commettant des fils de caret... de droite à gauche. La confection d'un cordage passant par des étapes successives de torsion, le sens de rotation est inversé de l'une sur l'autre pour annuler les forces et aboutir à un élément stable. Ainsi, les torons sont commis de gauche à droite pour donner un cordage, et les cordages sont commis de droite à gauche pour obtenir un grelin ou un câble.

Selon leur composition, leur diamètre et leur usage, les appellations des bouts diffèrent. Ainsi, la lignerolle, confectionnée à bord avec les fils de caret des vieux cordages, sert surtout pour faire des surliures. Le bitord, constitué de deux fils de caret commis de droite

à gauche puis goudronnés, est utilisé pour la confection de fourrures destinées à la protection des cordages. De même, le luzin est fait avec deux fils de caret goudronnés de 4 à 7 mm ; il sert à faire des petits amarrages et des surliures. Le merlin, réalisé avec trois fils de caret, est utilisé pour les surliures sur les gros cordages et la couture sur les parties les plus épaisses d'une voile. Enfin, le fil à voile est constitué de deux ou trois fils de chanvre blanc de premier brin ; on l'utilise graissé au suint ou au suif.

Les cordages synthétiques

Les fibres naturelles ont de multiples avantages, notamment leur aspect soyeux au toucher, leur bonne odeur, ou encore leur couleur plus adaptée à l'esthétique des bateaux traditionnels. Pourtant, ces charmes ne peuvent cacher de gros inconvénients par rapport aux fibres synthétiques que l'on connaît aujourd'hui. Ainsi, ces cordages naturels ne sont pas très durables et leurs qualités mécaniques sont bien souvent moindres. Ils résistent assez mal à l'abrasion et sont sujets au pourrissement, ce qui implique la nécessité de leur apporter une attention de tous les instants, notamment en les rinçant régulièrement avant de les faire sécher. Enfin, leur coût est élevé, la culture du chanvre étant devenue rare en Europe.

C'est pour toutes ces raisons que le marin d'aujourd'hui, qu'il soit plaisancier ou professionnel, s'est tourné vers des cordages en fibres synthétiques toronnées ou tressées. Contrairement aux fibres naturelles qui doivent être commises, les fibres synthétiques peuvent être continues, ce qui constitue un gros avantage quand on sait que le toronnage diminue les qualités mécaniques de la fibre. Dans ce cas, la protection se fait à l'aide d'une gaine tressée. Enfin, outre cet avantage, les synthétiques sont beaucoup moins sensibles à l'humidité.

Comme les cordages naturels, les synthétiques ont également des propriétés qui leur sont propres et qui conditionnent leur utilisation. Le polyester – Tergal, Dacron – sert aussi bien pour les drisses que les écoutes car il offre une bonne résistance à l'allongement. C'est le matériau le plus répandu dans ce type de cordage. Le polypropylène, très léger et très bon marché, est essentiellement utilisé pour les remorques ou les lignes de mouillage car il est très glissant et supporte mal les frottements. Le polyamide – Nylon – est assez élastique, ce qui en fait le matériau idéal pour les amarrages, tout en sachant qu'il faudra bien le protéger du ragage.

D'autres fibres, utilisées surtout pour la compétition, ont des propriétés mécaniques très intéressantes, mais sont en général beaucoup plus coûteuses. On peut ainsi citer le polyéthylène – Dyneema et Spectra –, idéal pour les drisses étant donné son faible allongement, sa légèreté et sa résistance à l'eau de mer et aux rayons ultra-violets, l'ennemi numéro un des fibres synthétiques ; ou encore l'aramide – Vectran – extraordinairement résistant et d'allongement nul. C'est le matériau employé pour les drisses et les bastaques sur les voiliers de course.

Les cordages synthétiques imitation chanvre

De nombreux fabricants proposent des cordages en polyester ou polypropylène, toronnés ou tressés, imitant le chanvre. Ils sont parfaitement adaptés aux bateaux traditionnels ou aux yachts classiques. Les fibres polyester peuvent être discontinues, ce qui les rend douces au toucher, mais cela amoindrit un peu leurs qualités mécaniques. On peut également s'équiper avec des cordages en Dyneema ou en Spectra recouverts d'une tresse en polyester, celle-ci permettant au matériau moderne de passer relativement inaperçu sur un bateau ancien.

Les câbles métalliques

Les câbles d'acier, galvanisés ou en inox, sont surtout utilisés pour le gréement dormant et les itagues. Le câble galvanisé doit être protégé malgré son zingage. Pour éviter qu'il s'oxyde, on peut le peindre, le passer au coaltar, le fourrer avec du filin goudronné, ou le tremper dans du goudron de Norvège. Il existe également différentes recettes où l'huile et le suif peuvent être utilisés.

Moins souple que l'acier galvanisé, et donc plus cassant, l'inox offre l'avantage de ne demander qu'un minimum d'entretien. Pourtant, et malgré une idée fort répandue, l'inox vieillit lui aussi, d'une manière particulièrement traître car très difficile à apprécier. Reste que l'inox est plus élégant sur les bateaux modernes et plus léger.

La manière la plus facile de travailler un câble métallique consiste à utiliser des serre-câbles, mais d'autres solutions plus élégantes existent, comme l'épissure qui permet notamment de relier un filin métallique à un cordage. On peut également réaliser des ligatures avec du fil de fer d'amarrage, petit cordage formé de sept fils de fer souples commis ensemble. Cette technique sera bien appropriée pour maintenir ensemble deux câbles ou pour réaliser un œil sur un cap-de-mouton.

Le filin mixte

C'est un cordage constitué de fibres naturelles ou synthétiques – sisal, manille, chanvre, polypropylène – et de fils d'acier, commis ensemble ou avec la fibre tressée autour d'une âme métallique. Neuf et à section égale, le filin mixte est plus résistant qu'un bout textile, et plus souple qu'un filin en acier. Au fil du temps, ce cordage devient moins fiable, la fibre pouvant dissimuler l'état de corrosion de l'acier. Il est ainsi arrivé qu'un filin mixte casse net, avec tous les dégâts matériels et humains qu'on imagine s'il s'agit d'une itague de drisse… Par ailleurs, les gendarmes se multiplient sur le filin au fur et à mesure de son vieillissement, pour le plus grand malheur des paumes de main !

La résistance des cordages

Autrefois, pour apprécier la résistance d'un cordage, les marins utilisaient une méthode de calcul très approximative – mais efficace – qui consistait à élever au carré le diamètre du bout, avant de multiplier par dix le chiffre obtenu puis de diviser ce résultat par le nombre de torons, ce qui donnait la charge maximum d'utilisation avec une marge de sécurité de 30 % à 50 %. Par exemple, pour un cordage de 20 mm de diamètre commis en trois, on obtenait :

20 x 20 = 400 ; 400 x 10 = 4 000 ; 4 000 : 3 =1 333, 3

Ce cordage pouvait donc supporter jusqu'à 1,3 tonne de traction.

Caractéristiques de

• Faible •• Moyen ••• Bon •••• Excellent	Sisal	Manille	Chanvre	Coton	Fer	Acier
Durée de vie	••	•••	•••	••	•••	•••
Imputrescibilité	•	•	••	•	••	•••
Résistance aux UV	••••	••••	••••	••••	••••	••••
Résistance à l'abrasion	••	•••	•••	••	•••	•••
Résistance aux chocs	•	••	•••	•	•••	••••
Elasticité	••	••	••	•••	•	•
Résistance à la rupture	••	••	••	••	•••	••••
Flottabilité	coule	coule	coule	coule	coule	coule
Coût	€€	€€	€€	€€€€	€€	€€€

Aujourd'hui, les fabricants donnent dans leurs catalogues des chiffres de résistance bien précis pour chaque type de cordage, ces données devant être considérées comme applicables à un filin neuf et sans nœuds. En effet, d'une part l'usure amoindrit les qualités mécaniques d'un bout, et d'autre part un nœud peut diminuer jusqu'à 50 % la charge de rupture. Il faut donc toujours prendre une marge de sécurité importante qui va déterminer la charge maximum d'utilisation.

Outre la résistance, il est également nécessaire de prendre en compte l'allongement en travail au moment de choisir un cordage. Par exemple, pour une drisse ou une écoute, il faut choisir une fibre ayant peu d'allongement – polyester, kevlar, carbone, câble d'acier – alors que pour l'amarrage ou le mouillage un cordage souple sera mieux adapté (polyamide, polyéthylène, polypropylène).

Enfin, au moment de prélever dans une glène les quelques mètres de cordage dont vous avez besoin, n'oubliez pas de prendre en compte le rétrécissement que prend tout filin avec le temps, soit environ 10 % de la longueur totale. N'oubliez pas non plus de considérer que chaque nœud ou chaque épissure consommera près de 50 cm de bout. Bref, vu le prix des cordages, vous aurez compris qu'il vaut mieux prendre un peu de marge plutôt que de se retrouver avec 25 mètres de bout inutilisables alors que vous auriez eu une très jolie drisse en achetant deux mètres de plus !

:ordages et des câbles

Inox	Aramides Kevlar, Mylar	Polyamides Nylon	Polyester Tergal, Dacron	Polyéthylène	Acrylique Dralon
••••	•••	••••	••••	•••	••••
••••	••••	••••	••••	••••	••••
••••	•	•••	••••	•••	••
••••	••	••••	••••	••	•••
••••	••••	••••	••	•	•••
•	•	••	••	•••	•••
••••	••••	•••	••••	•••	•••
coule	coule	coule	coule	flotte	flotte
€€€€	€€€€	€€	€€€€	€€€	€€€

Ranger et entretenir les bouts à bord

En règle générale, l'aspect des manœuvres sur un bateau est très révélateur de l'état d'esprit de son propriétaire. Ainsi, les drisses qui traînent sur le pont et les aussières qui s'effilochent sont plutôt mauvais signe, laissant présager du peu de sens marin du patron une fois en mer. Outre de simples considérations d'ordre esthétique, les cordages bien rangés et bien entretenus sont un des éléments garants d'une navigation sans mauvaises surprises.

Lover un cordage

Les amarres larguées, les voiles hissées, les écoutes réglées, il est temps de lover tous les bouts… encore que cela aurait pu être fait au fur et à mesure. Cela permet d'éviter les "spaghettis" sur le pont, source de tous les cafouillages à venir.

Si les amarres sont trop lourdes, elles se lovent à plat pont. Ainsi, un cordage toronné se love-t-il dans le sens du toronnage tandis qu'on exerce à chaque tour une légère torsion dans le sens inverse pour éviter les coques et les huit. On termine l'opération en bridant les derniers plets autour de la glène et par une ganse qu'on

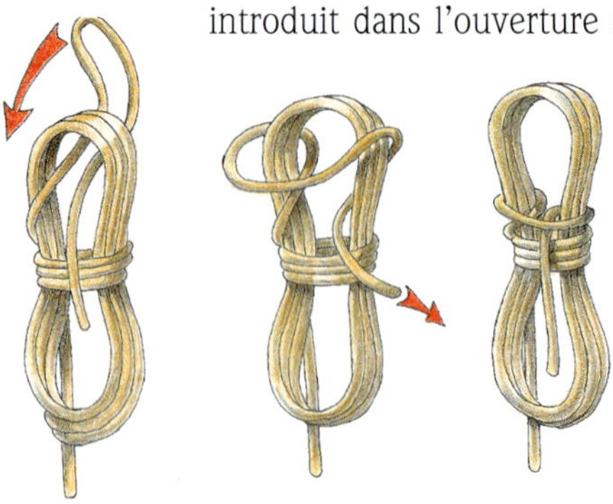

introduit dans l'ouverture supérieure et qu'on capelle sur la glène. Les amarres se rangent dans un coffre, éventuellement suspendues les unes à côté des autres pour rester facilement accessibles.

L'extrémité des drisses se love de la même façon, en partant du taquet ou du cabillot vers la partie libre. On termine en ramenant vers soi le début du premier tour, puis en le torsadant dans le sens inverse du commetage pour faire un œil qu'on va introduire dans la partie supérieure du taquet.

Quant à toutes les autres manœuvres du gréement courant – écoutes, palans divers, etc. –, on se contente de les lover sans les bloquer, en posant éventuellement la glène sur une pièce d'accastillage de manière à ce qu'elle ne se répande pas sur le pont dans un coup de gîte.

Les surliures

Pour maintenir les bouts en bon état, il est recommandé de les rincer soigneusement à l'eau douce de temps en temps, puis de les mettre à sécher dans un endroit bien aéré. Cela leur permettra en outre de rester souple. Dans le même ordre d'idée, on pourra également les fourrer pour augmenter leur durée de vie (voir le chapitre "Fourrures et ligatures") ; mais surtout, on devra arrêter leurs extrémités pour éviter qu'elles ne se décommettent.

Sur les cordages toronnés, on peut utiliser un demi-nœud provisoire, ou les techniques d'épissures décrites dans le chapitre du même nom. Toutefois, pour que le bout ne gagne pas en épaisseur, la meilleure solution reste de le surlier. Il s'agit d'un enroulement jointif et serré effectué la plupart du temps à l'aide de fil à voile, la surliure démarrant à une distance de l'extrémité correspondant à environ cinq fois le diamètre du bout pour se poursuivre vers son extrémité.

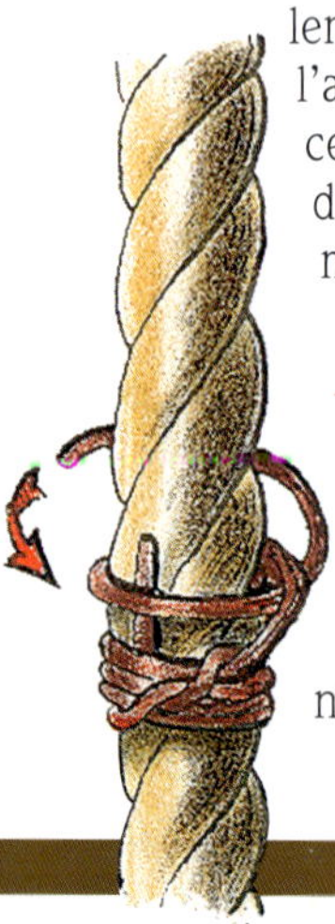

A demi-clefs : la "trop facile"

C'est un amarrage provisoire qu'on utilise, par exemple, avant de faire une épissure. On effectue une série de demi-clefs jointives et bien souquées. La première est engagée sous les suivantes et la dernière est arrêtée par un demi-nœud.

A tours morts : "la plus simple"

On élonge le fil en double sur le cordage en laissant dépasser une ganse à l'extrémité. On bloque le fil avec le pouce pour effectuer les trois premiers tours, et ce n'est qu'à partir du quatrième qu'on commence à souquer chaque enroulement. Arrivé à une distance

de l'extrémité légèrement supérieure au diamètre du cordage – si on s'approche trop de l'extrémité, la surliure risque de glisser et de se défaire –, on introduit le courant dans la boucle puis on tire sur le brin engagé sous la surliure pour faire rentrer la boucle sous les tours. Celle-ci parvenue au milieu de l'enroulement, on tire sur les deux brins pour souquer l'ensemble.

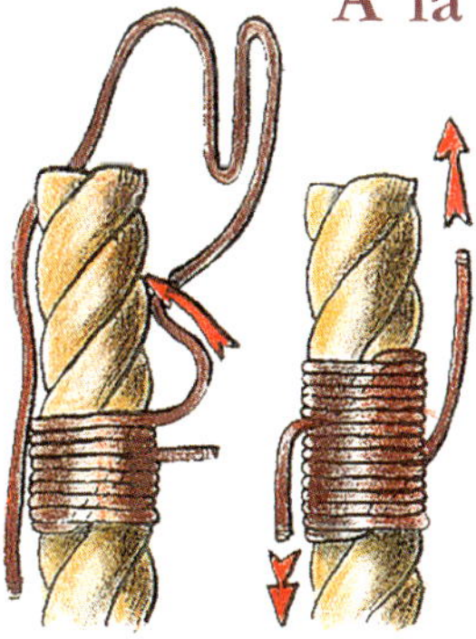

A la voilière : "la plus efficace et la plus élégante"

Au bout d'un cordage, on élonge l'extrémité d'un fil sur lequel on réalise un enroulement équivalant à la moitié de la surliure finale. A ce stade, on dégage l'extrémité du fil coincé sous l'enroulement et on fait deux tours de plus avec l'autre brin avant de disposer l'extrémité de ce dernier le long du cordage et sur l'enroulement à venir. On peut ensuite poursuivre les tours, jointifs et bien souqués, jusqu'à obte-

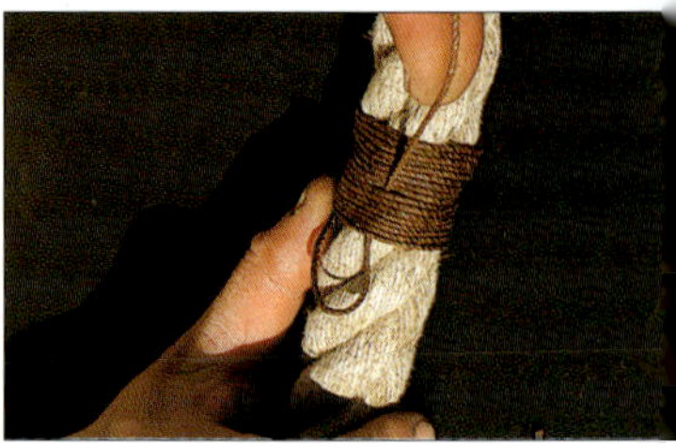

nir une longueur égale au premier enroulement. Chaque extrémité du fil qui dépasse est alors bien tendue sous la surliure et on coupe au ras les excédents.

À l'aiguille

L'aiguille munie d'un fil en double, on la passe sous un toron en ne laissant dépasser qu'une petite longueur de fil. On réalise ensuite un enroulement jointif et souqué autour du cordage avant de passer l'aiguille dans le même créneau qu'au début et au ras du dernier tour. On revient alors vers le premier tour pour passer le fil sous le toron suivant, puis on remonte vers le dernier tour pour rentrer l'aiguille dans le cordage et ainsi de suite pour chaque toron. Au final, on noue les deux extrémités à l'aide d'un nœud plat.

Souder un cordage synthétique

Les fibres synthétiques ont la propriété de fondre et de se souder à la chaleur, ce qui les rend plus faciles à stopper que les cordages en fibre végétale. Un briquet ou des allumettes pouvant être utilisés pour les cordages de très faible diamètre – et à condition d'être à l'abri du vent ! –, l'idéal est de couper et de souder l'extrémité d'un cordage avec un fer chaud en l'entamant doucement pour bien fondre chaque brin. Pour que le travail soit parfait, on appuie le cordage sur un support dur qui ne craint pas la brûlure, en le serrant éventuellement à l'aide d'un adhésif pour que les brins ne s'écartent pas. Si on ne dispose pas de fer chaud, il est tout à fait possible d'utiliser une lame de scie à métaux usagée ou un vieux couteau qu'on aura fait chauffer au rouge sur la flamme d'un chalumeau ou du réchaud du bord. L'extrémité coupée et encore chaude, il faut alors l'arrondir et la lisser en utilisant une pince, ou éventuellement à l'aide des doigts, humectés d'eau ou de salive... C'est nettement moins douloureux !

LES CORDAGES À BORD

On ne soupçonne jamais la quantité de cordages qui se trouvent à bord d'un voilier avant le jour de l'armement ou de l'hivernage. Dans de tels moments, ce sont alors des centaines de mètres de bouts qui jonchent le pont, qu'il s'agisse des aussières qui servent à l'amarrage et qui doivent être toujours claires pour ne jamais

s'emmêler, ou de toutes les manœuvres du gréement, haubans, écoutes, bastaques, drisses, etc. Au-delà, on retrouve également de nombreuses pièces d'accastillage, comme les poulies qui forment des palans, ou les caps-de-mouton, ces blocs de bois capelés aux haubans et aux cadènes et qui permettent de rider le gréement dormant pour maintenir fermement le mât en place.

Le gréement dormant

On regroupe sous cette appellation l'ensemble des câbles ou cordages qui participent de la tenue du mât, ainsi que leur système de fixation et de réglage. Réalisé en cordage textile jusqu'au début du dix-neuvième siècle, le gréement dormant est désormais en câble métallique, plus raide, plus léger et plus fin pour une résistance égale. L'ensemble du gréement doit en effet répondre à trois exigences : finesse, pour offrir le moins de prise au vent possible ; légèreté, le poids dans les hauts diminuant la stabilité du bateau ; et solidité, cette dernière exigence marquant la limite des deux autres. Ainsi, l'inox s'est imposé à bord des voiliers actuels, notamment parce qu'il ne demande pas d'entretien. On en trouve sous forme de câble toronné, en monotoron ou en monofil. Cette dernière catégorie, également appelée Rod, consiste en une simple barre filetée aux deux bouts. Elle se rencontre principalement sur les bateaux de course.

Les manœuvres dormantes

Selon leur position, et donc leur rôle, les éléments du gréement dormant ont un nom bien précis. Pour simplifier, on peut les répartir en quatre catégories, à commencer par les étais, situés en avant du mât. Leur fonction première est de tenir l'espar longitudinalement, même si, selon leur point d'ancrage sur l'espar, ils peuvent influer sur la courbure du mât. Souvent frappés à poste fixe à l'étrave selon différents procédés, on peut également en trouver de facilement réglables, notamment les faux étais gréés d'un palan.

Les pataras jouent quasiment le même rôle que les étais, mais vers l'arrière. La tension des pataras doit être réglable en permanence, notamment pour travailler le creux des voiles. Parfois absents, en particulier sur les voiliers dont la bôme dépasse le couronnement, ils sont alors remplacés par les bastaques – câbles mobiles repris de chaque bord du bateau – qui peuvent d'ailleurs cohabiter avec les pataras. Raidies au palan ou au levier, les bastaques doivent être "rangées" quand elles se trouvent sous le vent, de manière à ce que la bôme ne soit pas bloquée quand on choque la grand voile. Cela implique donc de les manœuvrer à chaque virement.

Enfin, les haubans et les bas-haubans maintiennent le mât dans le sens latéral, selon un ensemble de câbles plus ou moins complexe en fonction de la hauteur de l'espar et de la configuration

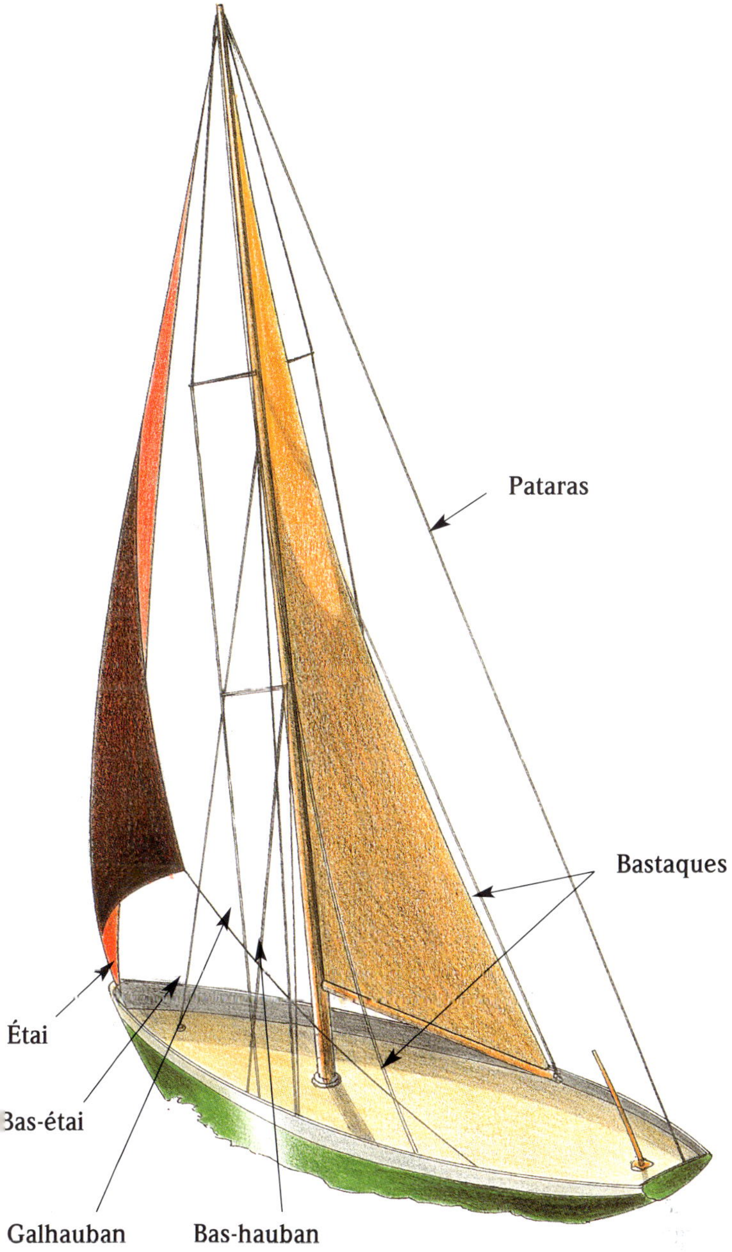

du voilier. Le haubanage d'un catamaran n'a en effet rien à voir avec celui d'un voilier classique ou traditionnel. En plus de tenir l'espar, haubans et bas-haubans permettent de régler sa courbure à bord des voiliers de course.

Capelage et réglage du gréement dormant

Le gréement dormant est capelé sur le mât à l'aide de différents systèmes. Sur les bateaux traditionnels, il existe plusieurs sortes de capelages. On trouve ainsi des frettes, colliers métalliques munis d'œils permettant de passer une manille ; des jottereaux, cales en bois boulonnées sur l'espar qui vont bloquer l'œil épissé des câbles entourant le mât; ou tout simplement des surépaisseurs formant un épaulement sur l'espar. Sur les mâts en aluminium des bateaux modernes, les capelages se font à l'aide de pièces en inox, boulonnées ou rivetées, et la tête de mât permet souvent de fixer l'étai, les pataras et les haubans.

Différents systèmes, placés entre la cadène – forte pièce métallique fixée sur la coque – et le câble, permettent de règler la tension de ce dernier : *caps-de-mouton* ou *moques* sur les bateaux traditionnels, *ridoirs* sur les yachts classiques ou les voiliers de plaisance moderne. Ce réglage de la tension est indispensable pour bien tenir le mât, mais également pour lui donner une forme optimum pour la bonne marche du bateau. Cette partie du gréement a beau être qualifiée de dormante, il n'empêche que son réglage est aussi important que celui du gréement courant !

Les *caps-de-mouton* sont des blocs de bois en forme de lentille, percés de trois ou quatre trous destinés à recevoir une ride. Le hauban fait un œil dans l'engoujure du cap-de-mouton supérieur tandis que le cap-de-mouton inférieur est fixé à la cadène par une estrope, le plus souvent métallique. La ride en textile fait dormant par un nœud de ride, puis passe alternativement dans les

trous des deux caps-de-mouton. Les haubans raidis au palan, on peut ainsi reprendre le mou de la ride.

Les *moques* sont des blocs de bois proches des caps-de-mouton mais évidés ; la partie sur laquelle doit porter la ride est habituellement rainurée.

Les *ridoirs*, aujourd'hui en inox, permettent d'obtenir des gréements beaucoup plus raides. Pour autant, ce qui est un avantage pour des coques acier ou composite n'est pas forcément un atout sur les bateaux en bois, qui doivent travailler en souplesse.

Le gréement courant

On entend par gréement courant l'ensemble des manœuvres permettant de régler les voiles. Les drisses sont des filins métalliques ou textiles qui servent à hisser la voilure. Elles passent par un réa ou une poulie et sont fixées au point de drisse par une manille, un mousqueton ou un nœud. La voile envoyée, la drisse est étarquée à la main, au moyen d'un palan ou à l'aide d'un winch.

Les écoutes servent à border les voiles. Sur les focs, elles sont en général frappées à l'aide d'un nœud ; elles reviennent vers l'arrière soit en direct au taquet, soit en passant dans une poulie ou un filoir fixé au pont. Sur une grand voile, l'écoute prend souvent la forme d'un palan plus ou moins complexe selon la surface de la voile et le degré de précision qu'on souhaite apporter au réglage.

Enfin, on peut trouver bien d'autres manœuvres courantes à bord d'un voilier, comme les balancines, qui maintiennent à une certaine hauteur un tangon de spi ou l'extrémité d'une bôme ; les hale-bas, qui empêchent un tangon ou une bôme de se mâter ; les barber-haulers, qui ouvrent ou ferment l'angle de tire de l'écoute ; ou encore les bras de spi, les lazy-jacks, etc.

Les autres cordages

Outre les manœuvres du gréement, une multitude de bouts et de câbles sont mis en œuvre dans l'armement d'un voilier. Ainsi, on aura besoin de cordages pour l'amarrage ou le mouillage, pour suspendre des défenses, pour capeler un harnais sur une ligne de vie, pour les bosses de ris, etc., sans compter toutes les garcettes qui ne manqueront pas un jour ou l'autre de trouver un usage, que ce soit pour ferler une voile, fixer un taud…

Matériels divers, poulies et palans

Sur un voilier, qu'il soit traditionnel ou moderne, un minimum d'accastillage est indispensable pour manœuvrer les voiles. Pour démultiplier les efforts, on a recours à des palans ou à des winches. Par ailleurs, des renvois tels que des poulies à plat pont facilitent le retour des manœuvres au cockpit ; les écoutes de focs passent dans des poulies parfois montées sur un chariot qui lui-même court sur un rail fixé sur le pont, permettant ainsi de régler le point de tire. L'écoute de grand voile se règle à l'aide d'un palan dont la poulie inférieure est souvent, elle aussi, solidaire d'un chariot qui se déplace sur un rail transversal. Crocs, cosses, manilles, mousquetons, poulies, filoirs, margouillets, taquets, winches sont autant d'accessoires utiles à la manœuvre et dont il faut connaître l'usage.

Poulies

Les poulies servent à guider une manœuvre et entrent dans la composition des palans. Les poulies traditionnelles sont en bois ou en métal. Elles comprennent un axe ou essieu supporté par des joues, sur lequel tourne un réa. Le réa doit avoir une épaisseur égale au quart de la circonférence du bout qu'il doit supporter et un diamètre adapté à l'écartement des joues pour éviter le frottement ou le déraillement du bout.

Ce diamètre doit également tenir compte de la nature du cordage. Pour une écoute ou une drisse en polyester, le réa doit avoir un diamètre égal à huit fois le diamètre du bout si l'enroulement est de 90° à 180° et de cinq fois le diamètre si cet enroulement est inférieur à 90°. En effet, un réa de plus petit diamètre provoquerait une usure prématurée du cordage. En passant à l'intérieur de la poulie, le bout subit une compression sur sa partie intérieure et une tension sur sa partie extérieure, phénomènes mécaniques qui jouent un rôle dans le vieillissement du bout.

Les poulies modernes sont en inox, en aluminium ou en matériaux composites avec souvent un réa muni d'un roulement à billes ou à aiguilles qui diminue considérablement les frottements. Certains fabricants réalisent aujourd'hui des poulies d'aspect traditionnel, avec des joues en bois mais une structure métallique et des réas à roulement à billes.

Les poulies peuvent être simples, doubles ou triples selon le nombre de leurs réas. Elles peuvent être entourées d'une estrope en textile ou métallique, se fixer avec un croc, une cosse, un émerillon, un ringot dans lesquels on peut passer une manille ou un erseau.

Il existe des poulies à violon à deux réas placés l'un au-dessus de l'autre, des poulies à olives où les deux réas sont perpendiculaires, des poulies ouvrantes ou coupées qu'on peut installer sur un bout déjà sous tension, des poulies munies de taquets coinceurs pour les écoutes de grand voile des petites unités. Chaque type de poulie est destiné à un usage précis et particulier.

Cartahu

On se servait jadis des cartahus pour embarquer une cargaison. Grâce à une poulie frappée en haut d'un mât de charge, ils permettent de prendre une marchandise à distance pour la déposer sur le pont. Aujourd'hui, bien que leur usage soit limité à quelques reconstitutions, on peut utiliser leur principe général à bord de n'importe quel bateau pour déplacer une charge lourde, comme par exemple débarquer un moteur à l'aide de la bôme. On peut également se servir d'un tangon maintenu par une drisse en capelant une poulie à son extrémité. Utilisé en simple avec une seule poulie, le cartahu ne diminue pas l'effort. Pour faciliter la manœuvre, il suffit de gréer un palan entre l'extrémité du cartahu et la charge.

Pantoire

La pantoire, appelée aussi pendeur, est un bout amarré à un espar et terminé par une poulie. La plupart du temps, il s'agit de la poulie supérieure d'un palan. Elle lui sert alors de point fixe en diminuant le débattement. La pantoire peut être également la partie supérieure d'une bastaque.

Les palans

Les palans sont constitués de deux poulies et d'un cordage qui les relie, le garant. Leur rôle est de démultiplier la force du marin. En utilisant des poulies simples, doubles ou triples, on obtient par combinaisons cinq types de palans différents selon la force dont on veut disposer. Chaque partie du garant qui va d'une poulie à l'autre est appelé brin. On a ainsi des palans à deux, trois, quatre, cinq, six brins. En théorie, chaque fois qu'on ajoute un brin, on multiplie la force exercée par deux, trois, quatre, cinq ou six. En réalité la résistance créée par le frottement entre les brins et les réas s'accroît plus vite que la puissance. Ainsi, les frictions diminuent la force du palan.

Il faut savoir que plus un palan est démultiplié et plus il travaillera lentement. Il est plus avantageux, quand on commence à hisser une voile, de le faire à la volée, en direct, tandis qu'un autre équipier reprend le mou du palan. Ce dernier donne toute sa puissance à la fin quand l'intervention en direct devient trop dure.

Pour gréer un palan, on met, dans le bon sens, les poulies à plat sur le pont. La poulie supérieure étant placée à droite et la poulie inférieure à gauche, on enfile le cordage dans le premier réa de celle de droite, et on continue d'un réa à l'autre jusqu'au ringot sur lequel on va capeler le dormant.

Un palan simple est constitué de deux poulies simples. Ce palan à deux brins donne théoriquement une force multipliée par deux et par trois si on utilise la poulie supérieure comme élément mobile. En réalité, avec le frottement, le multiplicateur devient 1,7 et 2,4 avec des poulies en bois (pour un coefficient de frottement de 1,1).

Ce type de palan léger peut être utilisé avec une poulie à fouet ou à croc. Appelé palan du dimanche ou palan-mousse dans la marine traditionnelle, il peut servir à des interventions ponctuelles sur des manœuvres où la force humaine directement appliquée s'avère insuffisante, comme une écoute de foc à border sans winch par exemple.

Le palan à trois brins est constitué d'une poulie double et d'une poulie simple. Son multiplicateur théorique est de 3 et de 3,5 selon que la poulie supérieure est l'élément mobile ou non. Mais le multiplicateur réel n'est que de 2,4 et 3,1, toujours pour un coefficient de frottement de 1,1.

Le palan en quatre se compose de deux poulies doubles. Pour le même frottement, son multiplicateur est de 3,1 et de 3,7. Le palan en cinq se grée avec une poulie double et une poulie triple. Toujours dans les mêmes conditions, on obtient 3,7 et 4,2. Avec deux poulies triples, on obtient un palan en six. Son rendement est de 4,2 et de 4,7. Il est lourd, et ses performances sont médiocres. Les poulies modernes donnent de meilleurs rendements mais, pour des efforts importants, les winches, guindeaux et cabestans prennent avantageusement le relais.

Les caliornes

Lorsqu'on travaille de lourdes charges, les poulies des palans francs ont tendance à se déséquilibrer à la traction. Les forts palans en 5 ou 6 sont alors gréés d'une manière différente qu'on appelle caliorne. Dans ce cas les brins sont croisés.

Pour gréer une caliorne en 5, on passe le garant dans le clan central de la poulie triple, puis dans le clan supérieur de la poulie double. On le passe ensuite dans le clan supérieur de la poulie

triple, dans le clan inférieur de la poulie double, puis dans le clan inférieur de la poulie triple et on fait dormant sur le ringot de la poulie double.

Pour une caliorne en 6, on introduit le garant dans le clan central de la poulie de droite, puis dans le clan central de la poulie de gauche. On passe ensuite dans les clans libres en partant du haut vers le bas.

Winches

Sur les yachts classiques récents et les voiliers modernes, les winches font partie de l'accastillage du bord. Leur rôle est de démultiplier la force. Coûteux à l'achat, ils remplacent les palans pour les drisses, évitant à l'équipier de se trouver avec une très grande longueur à lover une fois la voile envoyée. Ils sont également très utiles pour border les focs à partir d'une certaine surface.

En l'absence de winches, sur les voiliers traditionnels, l'étarquage des drisses peut se faire grâce à un double courant, appelé drisse anglaise. Le premier est en simple et se tourne à bâbord. Le second, gréé à tribord, se termine par un fort palan qui permet de finir d'étarquer. Enfin, le bon sens manœuvrier peut parfois remplacer avantageusement le winch. Ainsi, pour border un foc ou une misaine, il suffit souvent de lofer jusqu'à déventer légèrement la voile pour qu'un équipier seul puisse border… Ou encore , avec de la vitesse, d'abattre suffisamment pour faire "décrocher" la voile qui se laisse alors border sans effort… et de relofer rapidement.

LES NŒUDS

Encalminé en Manche par une belle journée d'été, ce petit voilier a dû mouiller pour ne pas se faire dépaler par le courant de renverse. L'équipage sentant la brise revenir, le mouillage a été relevé grâce à l'orin frappé au diamant de l'ancre, celle-ci s'étant coincée quelque part sur le fond rocheux. Pour profiter des petits airs, on a hissé le flèche avant de tourner sa drisse sur un grand taquet à l'ai-

de d'un nœud facilement largable ; le hauban au vent a été souqué à l'aide d'un trésillon, et, pour que la misaine porte bien dans ce petit temps, on a préféré la gréer d'écoutes en simple plutôt que du lourd palan habituel. Frappées sur la voile par un nœud de chaise, les écoutes passent dans un filoir d'où elles ne pourront s'échapper grâce au nœud en huit.

Nœud d'un filin sur lui-même

Du classique nœud en huit au complexe nœud de chaise de calfat "amélioré", vous allez découvrir dans les exemples qui suivent tout l'intérêt de savoir nouer un cordage sur lui-même. On pourra ainsi empêcher une écoute de filer d'une poulie, raccourcir un cordage trop long sans pour autant le couper, ou devoir hisser un équipier en tête de mât.

Demi-nœud

Appelé nœud simple quand il se trouve à l'extrémité du dormant, et demi-nœud s'il est réalisé autour d'un objet, ce nœud est souvent une source d'ennui à bord. Utilisé comme nœud d'arrêt, il pèche par un manque d'épaisseur qui peut conduire au blocage d'un filin dans une poulie, à moins qu'il ne lâche tout simplement par auto-sectionnement s'il est soumis à de trop fréquentes sollicitations. Autre inconvénient, souqué et humide, le demi-nœud est difficile à défaire, même à l'aide d'un épissoir. Ainsi, un cordage mal rangé occasionnant souvent un nœud simple, il faudra immédiatement l'enlever. Le demi-nœud devra donc être utilisé avec parcimonie, par exemple pour empêcher un filin de se décommettre avant de trouver le temps de réaliser une surliure.

Demi-clé et demi-clé gansée

Elle est faite comme le demi-nœud, mais son courant est orienté dans le sens du dormant. Rarement employée seule, on pourra toutefois s'en servir pour capeler provisoirement un cordage sur un taquet ou un cabillot, comme une drisse ou une aussière sans tension que l'on doit lâcher quelques secondes. En fait, la demi-clé est avant tout un nœud rentrant dans une composition comme les deux demi-clés à capeler. La demi-clé ayant tendance à bloquer si elle est soumise à une forte tension, on pourra la ganser pour pouvoir la supprimer facilement. Pour cela, au lieu de passer le courant en simple sous le dormant, on le passe sous forme de boucle.

Nœud en huit

Il est bien utile ! Facile et rapide à faire, volumineux, il empêchera une drisse de disparaître dans le mât et il évitera de voir une écoute filer d'une poulie pour venir fouetter violemment l'air. Formé d'une boucle contournée puis traversée par l'extrémité du courant, il sert à bord comme nœud d'arrêt pour empêcher une manœuvre de se dépasser. Attention toutefois, le nœud en huit ne devra en aucun cas être fait sur les écoutes de misaine, ni sur les écoutes et bras de spi, qui doivent pouvoir être complètement filés en cas de départ au lof ou à l'abattée. Egalement appelé nœud flamand, ce joli nœud qu'on retrouve dans certains motifs décoratifs reste simple à défaire même s'il se gorge de sel : il suffit alors de le tordre sur lui-même. N'hésitez pas à lui laisser vingt centimètres de « queue », de manière à pouvoir saisir l'écoute si celle-ci, soumise à une bonne tension, est en butée dans la poulie ou le filoir. Un inconvénient toutefois : on en a vu faire éclater des poulies d'écoutes de foc !

Nœud de plein poing

C'est le plus facile des nœuds d'œil puisqu'il s'agit d'un cordage doublé avec lequel on réalise un demi-nœud. Utilisé pour prendre rapidement un repère, par exemple sur une ligne de sonde, il servira également à isoler momentanément la partie défectueuse d'un cordage devant forcer. Ce nœud d'œil ayant les inconvénients de son petit frère, à savoir la difficulté d'être défait sitôt sous bonne tension, il ne devra en aucun cas servir de manière définitive. Pour l'empêcher de se bloquer s'il a été souqué, une variante consiste à le faire en nœud en huit double gansé détaillé plus loin. Appelé parfois à tort nœud de bec d'oiseau, le nœud de plein poing peut également servir de poignée pour soulever une charge.

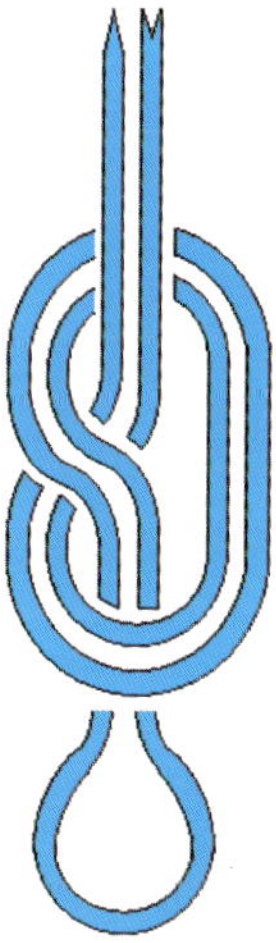

Nœud de cravate

Le nœud de cravate offre une très belle gamme d'usages autres que celui qui lui a donné son nom. Excellent nœud d'attache pour émerillon, il tient mieux que deux demi-clés sur une vergue (bien qu'il ait tendance à coincer) et c'est un nœud coulant très commode à utiliser sur le point de drisse d'une voile.

Nœud de jambe de chien

Autrefois, il était le troisième ou quatrième nœud que tout marin se devait de connaître. Aujourd'hui tombé en désuétude, le nœud de jambe de chien mériterait pourtant de regagner une place de choix tant il peut s'avérer précieux à bord, notamment dans les phases de remorquage où il permet d'isoler la partie endommagée d'un cordage, voire son simple raccourcissement. Quant aux marins de la voile, c'est dans une situation extrême qu'ils se féliciteront de le connaître : le démâtage. Le moment venu de dresser un gréement de fortune, le nœud de jambe de chien se présentera en effet comme une aubaine pour adapter des haubans trop longs au tronçon de mât restant, plutôt que de perdre un temps précieux à cisailler les câbles pour y poser des œillets. Ce nœud ayant la particularité de devoir être toujours maintenu sous tension pour ne pas se défaire, certains usages conduiront donc à devoir l'assurer. Pour cela, la consolidation pourra consister à génoper chacune des boucles d'extrémité sur le courant correspondant. Une autre astuce consiste à passer un martyr (cheville de bois dure) dans chacune des boucles d'extrémité.

Nœud de chaise

S'il n'y en avait qu'un seul à connaître, ce serait sans aucun doute celui-là. Baptisé du nom de son premier usage – il servait jadis à suspendre un gabier qui avait à faire dans le gréement -, le nœud de chaise s'est imposé chez les marins comme LA méthode de base pour réaliser une boucle qui ne glisse pas. Solide – plus la charge augmente, plus il se resserre –, ses utilisations sont multiples : s'amarrer en faisant un œil qui prendra place sur la bitte d'un quai ou un taquet, frapper une écoute sur une voile, assurer la ligne de mouillage d'une ancre, etc. Bref, il n'est pas d'usage pour lequel il soit déconseillé, du sauvetage… à l'emballage d'un cadeau ! Son apparente complexité rapidement oubliée dès les premiers usages, il devient inconcevable de s'en passer une fois qu'on le maîtrise. Pour s'entraîner, les méthodes ne manquent d'ailleurs pas. Ainsi, à l'examen du brevet d'Etat de moniteur de voile, Éric Tabarly demandait aux candidats de réaliser un nœud de chaise les yeux fermés et les deux bras à la verticale au-dessus de la tête, les mettant ainsi dans la situation particulière d'un bateau arrivant dans un port de nuit sous un quai. Une seule remarque toutefois : dans le cas d'un cordage raide soumis à des secousses, ne pas hésiter à laisser dépasser une jolie longueur de courant, sans quoi le nœud pourrait se larguer.

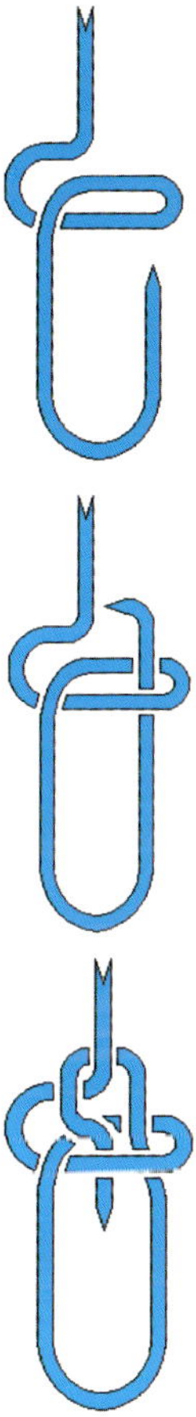

La méthode classique du nœud de chaise est impossible à utiliser sur un cordage sous tension, il existe pourtant une astuce. Le principe consiste à préparer à l'avance une demi-clé gansée dans le bout. Ainsi, dans le cas d'un bateau arrivant au mouillage par fort vent, il suffira de passer le courant dans l'anneau du coffre, avant de le faire revenir dans la ganse. Dès que le bateau tend l'aussière,

la boucle se referme, transformant l'ensemble en un joli nœud de chaise ! Cette méthode, bien connue en montagne sous l'appellation "nœud de guide", marche essentiellement sur des bouts rigides. Enfin, pour que le nœud se forme bien, il convient de tenir le courant fermement jusqu'à ce que la boucle se ferme.

Nœud de chaise de calfat simple et amélioré

Deux boucles posées l'une sur l'autre, l'ensemble se termine comme un nœud de chaise classique, à l'aide du courant. Censé hisser un homme, ce nœud qui n'est pas d'un confort absolu, est aujourd'hui très délaissé au profit de chaises plus classiques, joliment dites escarpolettes, en bois ou en tissu.

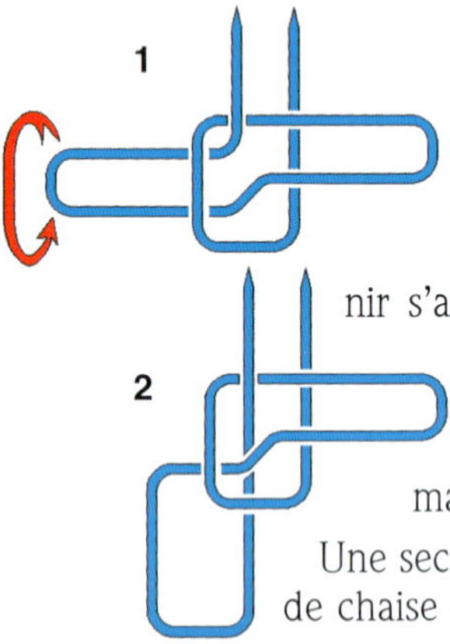

Le nœud de chaise de calfat peut être facilement amélioré en prévoyant un courant suffisamment long de manière à revenir s'amarrer au dormant. Avec cette troisième boucle, le dos sera soutenu, améliorant ainsi considérablement le confort et la sécurité, tout en laissant libre les deux mains de l'opérateur.

Une seconde version utilise le nœud de chaise déjà réalisé pour bloquer la

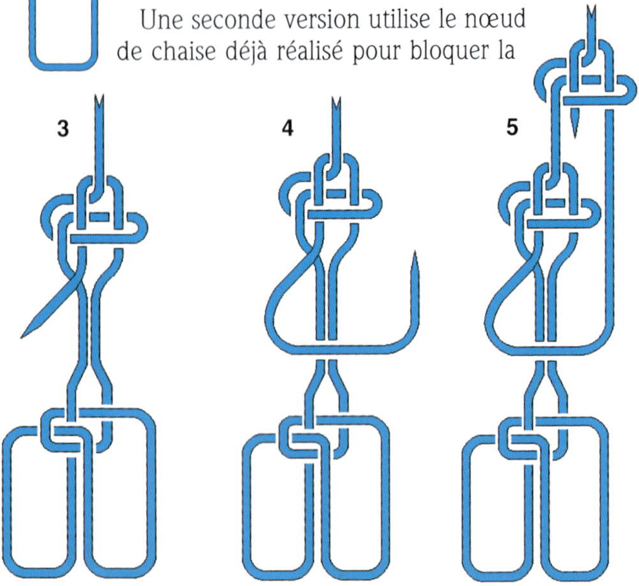

troisième ganse. Ces deux versions s'avèrent très pratiques et confortables à l'usage. C'est l'idéal pour de longs travaux : on prévoit un rembourrage d'étoupe ou de chiffons sur chacune des ganses, ce qui en améliore considérablement le confort.

Nœud de laguis

Ce nœud coulant n'est autre qu'un nœud de chaise capelé sur son propre courant. Il sert à ceinturer un paquet, étouffer une voile qui claque au vent, ou la rabanter. D'ailleurs, cette utilisation se retrouve dans son étymologie, le vieux terme « lac » désignant autrefois l'instrument dont se servaient les braconniers poseurs de collet (le mot "lacet" appartient à la même famille). Pour que ce nœud coulant fonctionne au mieux, la boucle coulissante ne devra pas être beaucoup plus large que le diamètre du cordage afin que ce dernier ne s'y emmêle pas. Par ailleurs, pensez à bien souquer le nœud de chaise pour qu'il tienne. Très utile, ce nœud démultiplie les efforts en agissant comme un palan à deux brins.

Nœud de chaise double sur son double

Il sert à faire un œil en milieu de cordage lorsque les deux extrémités sont engagées. Très sûr, il a en outre

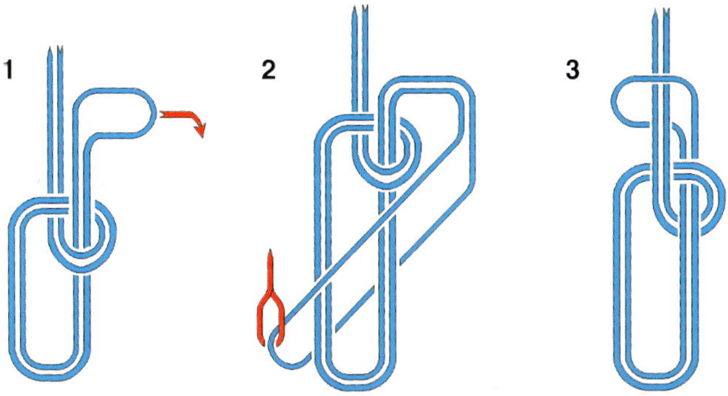

l'avantage d'être facile à défaire, même souqué, au contraire du nœud de plein poing. Pour le réaliser, il suffit de commencer comme un nœud de chaise normal avec un cordage pris en double. Une fois la boucle du courant sortie du « trou », celle-ci ne contourne pas le dormant comme dans un nœud de chaise classique, mais elle vient se capeler par dessus le nœud.

Nœud sur point fixe à terre ou à bord avec un seul cordage

Les nœuds sur un point fixe sont variés et répondent à un grand nombre de besoins. Il est donc impératif de bien les connaître. En cours d'amarrage, il pourra arriver par exemple que vous ne disposiez pas de taquet pour tourner une aussière. Par contre, vous trouverez toujours un endroit où réaliser deux demi-clés à capeler. De la même façon, sur les petites embarcations traditionnelles, un nœud de drisse s'avérera particulièrement pratique pour tourner une écoute qui doit être facilement largable. Enfin, l'astucieux nœud de bec d'oiseau vous évitera souvent de recourir à de coûteux palans, par exemple pour saisir une annexe sur le pont.

Un tour mort et deux demi-clés

Imaginez la situation : par vent fort ou courant violent, un bateau d'une trentaine de tonnes arrive à quai et un marin vous lance une aussière. Si vous la passez simplement dans un anneau ou autour d'une bitte, l'issue ne fera aucun doute… vous repartirez avec le bateau ! Par contre, il vous suffira de doubler le premier passage, c'est-à-dire de faire un tour mort, ou deux, sur une bitte, un bollard, un anneau… pour devenir l'Hercule du port. Il vous permettra d'étaler à mesure pour un appareillage ou lamanage délicat. Au final, deux demi-clés réalisées autour du dormant viendront bloquer l'ensemble. Ainsi, quelles que soient les conditions, ce nœud est certainement la manœuvre d'amarrage la plus rapide et la plus sûre, le tour mort permettant en outre de faciliter le largage.

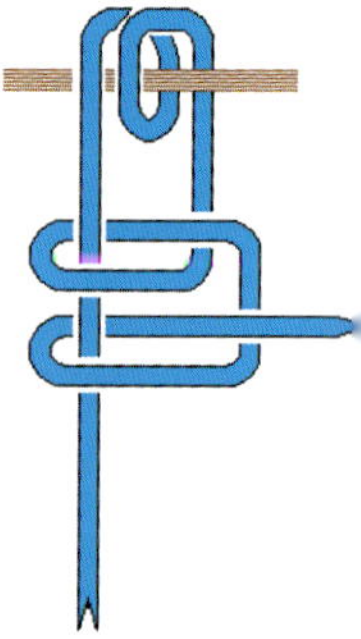

Solide et facile à défaire, ce nœud peut dans certains cas être ensuite remplacé par un nœud de chaise.

Deux demi-clés à capeler

Sur une bitte, ce nœud consiste en deux boucles opposées, placées l'une sur l'autre ; le brin dormant devant toujours être au-dessus du nœud pour pouvoir décapeler rapidement. Sur un barrot d'échelle, qui ne présente aucune extrémité libre, il s'agira de tourner une première fois autour du barrot, avant de croiser le courant au-dessus du dormant pour réaliser une seconde demi-clé. Pour éviter que l'ensemble ne glisse, ce qui peut arriver si le nœud n'a pas été suffisamment serré, on pourra ajouter une demi-clé sur le dormant, ou, astuce britannique, un tour mort entre les deux. Parfois difficile à défaire quand il est souqué, ce nœud d'amarrage reste simple, pratique et rapide, une fois mémorisé… On peut en effet s'amuser régulièrement en regardant un novice tourner plusieurs fois les boucles dans tous les sens avant de trouver le bon !

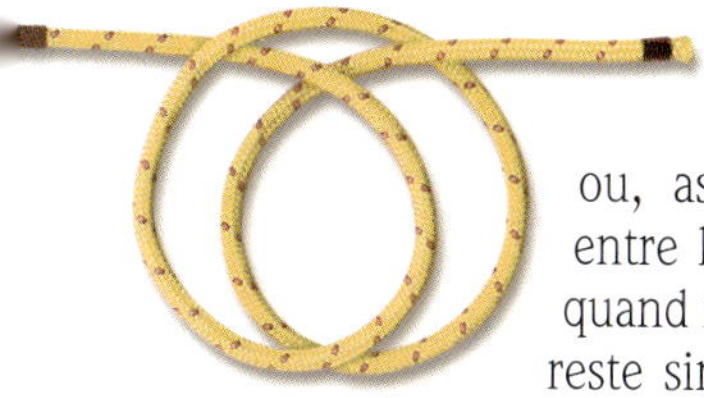

Demi-clé renversée

Baptisée nœud de barrique quand elle sert à soulever une charge, la demi-clé renversée, également utilisée par les tisserands pour fixer un fil au métier, est un nœud idéal lorsque les deux brins doivent être mis en tension.

Nœud de bec d'oiseau

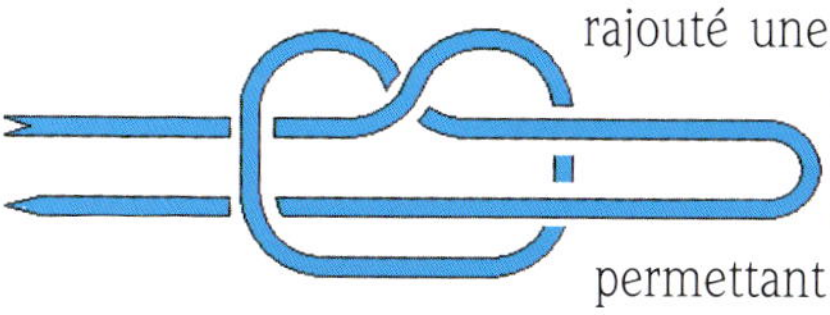

Composé d'un demi-nœud auquel on a rajouté une ganse, le nœud de bec d'oiseau peut éventuellement servir de nœud d'arrêt, la boucle formée permettant alors de le larguer facilement si le cordage n'a pas été souqué à l'extrême. Noué à un point fixe – banc ou piton – il pourra alors servir de prise où cro-

cher, par exemple, un étai volant. Dans cette optique, il sera judicieux de le renforcer à l'aide d'une demi-clé pour qu'il ne glisse pas. Pourtant, dans l'éventualité où la quincaillerie embarquée manque de poulies, c'est avant tout en tant que palan qu'il pourra vous être utile, notamment pour réaliser un haubanage ou un étarquage sommaire. Pour ce faire, après avoir amarré le dormant sur le point à étarquer, il suffit de passer le courant autour d'un point fixe puis dans la boucle faite par la ganse, serrée au préalable pour ne pas qu'elle ripe. Si jamais cette simple démultiplication ne suffisait pas, on pourra, au choix, augmenter le nombre de passage en boucle du courant, ou rajouter d'autres becs d'oiseau sur le dormant. Attention, cette fonction de palan est beaucoup plus efficace sur un cordage tressé que sur un bout à torons, ces derniers risquant de « s'accrocher » les uns aux autres au moment de souquer. Ce nœud est très utile pour saisir n'importe quoi, même sur une galerie de voiture.

Nœud de drisse

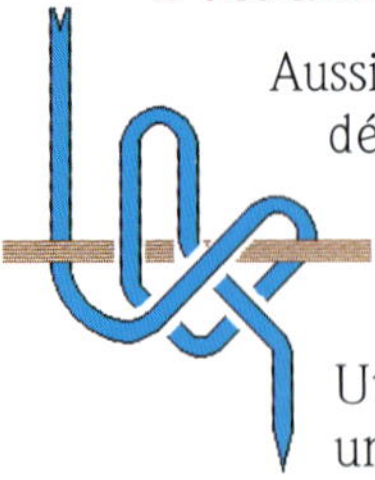

Aussi simple à faire qu'à défaire, ce nœud présente des avantages et des inconvénients. Utilisé pour tourner une drisse ou une écoute sur un banc en l'absence de cabillot, il permet d'être facilement largué en tirant un coup sec sur le courant. Cette faculté, qui s'avère idéale lorsque la manœuvre est prévue, peut être néfaste si un équipier la réalise malencontreusement. Une vergue peut tomber brutalement sur les têtes… On le réservera donc à des gréements d'embarcations légères.

Clé et nœud de trésillon

Pour souquer un amarrage ou une fourrure, la traction à main nue s'avérant vite douloureuse et peu efficace, les

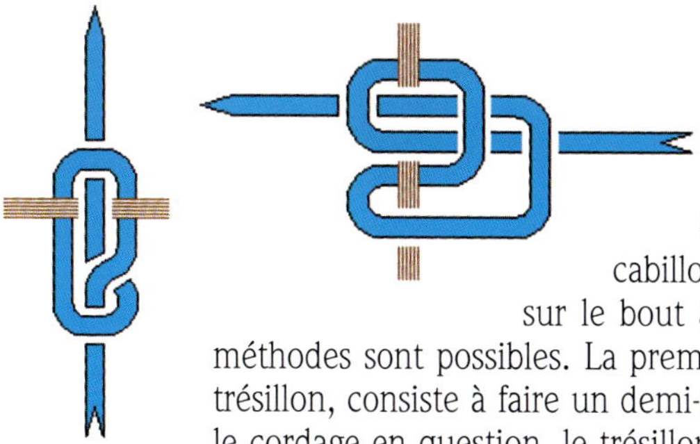

gréeurs préfèrent utiliser un trésillon en guide de levier, c'est-à-dire une sorte de petit cabillot. Pour le gréer sur le bout à souquer, deux méthodes sont possibles. La première, dite clé de trésillon, consiste à faire un demi-nœud gansé sur le cordage en question, le trésillon venant s'introduire dans la boucle. Une fois le levier devenu inutile, il suffira de l'enlever pour que la clé se largue instantanément. Cette technique ayant l'inconvénient de glisser – il faut pour éviter cela tenir le courant en même temps qu'on exerce une traction sur le levier –, on pourra préférer alors la seconde méthode, dite nœud de trésillon. Moins glissant, ce dernier était autrefois connu sous le nom de nœud de bateau.

Nœud d'élingue

Parfois appelé nœud de capelage, il servait naguère de collier de fortune pour gréer étais et haubans sur un mât endommagé. Cette utilisation étant devenue rare, il pourra toutefois être utile pour gréer un point d'arrimage sur une chèvre de manutention… ou pour mettre une bouteille de vin blanc à refroidir dans le sillage ! Réalisable en simple, double ou triple, on réservera ces deux dernières méthodes pour des usages décoratifs tant elles sont grandes consommatrices de cordage.

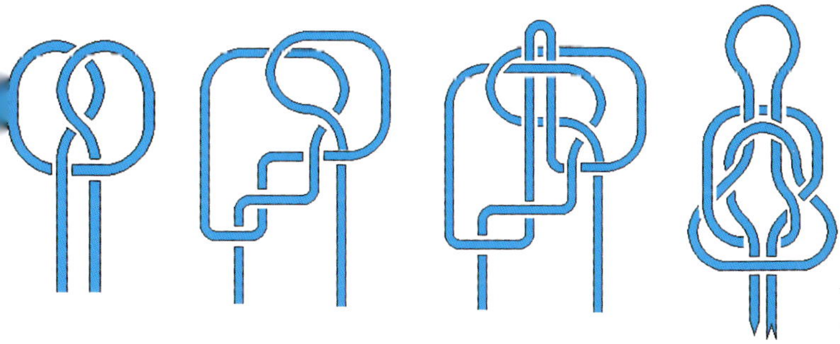

Nœud réalisé avec deux cordages (ajuts)

On doit souvent relier entre eux deux cordages, notamment lorsqu'il s'agit de prendre un ris ou quand il faut rallonger une aussière trop courte pour être portée sur une longue distance. Selon les caractéristiques des cordages en présence et en fonction du contexte, on n'utilisera pas les mêmes méthodes. Ainsi, alors que le nœud plat est idéal pour des bouts de même diamètre, on lui préférera le nœud d'écoute si les deux cordages sont différents. Quant au nœud d'agui, il sera parfait pour rallonger et redonner de la souplesse à une ligne de mouillage.

Nœud plat

Il sert à réunir deux cordages de diamètres et de textures similaires (si tel n'est pas le cas, se reporter au nœud d'écoute). Très facile à réaliser – il suffit de faire deux demi-nœuds, de manière à ce que le courant et le dormant de chacun des cordages ressortent du même côté de la boucle formée par l'autre –, il est solide à condition que les tension soient équivalentes des deux côtés. Très difficile à défaire s'il a été souqué, on pourra lui adjoindre un martyr, placé entre les deux demi-nœuds, pour faciliter le largage s'il doit subir de très fortes tractions.

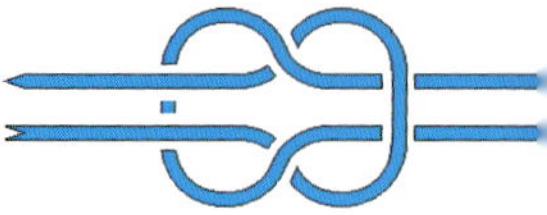

Le nœud de vache

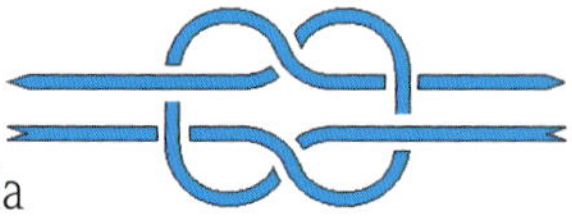

Les deux brins de votre nœud plat ne ressortent pas du même côté de la boucle ? Et bien vous venez de faire un joli nœud de vache ! Totalement inutile, dangereux car il glisse, ce nœud n'a donc aucun intérêt… si ce n'est pédagogique.

Le nœud de ris

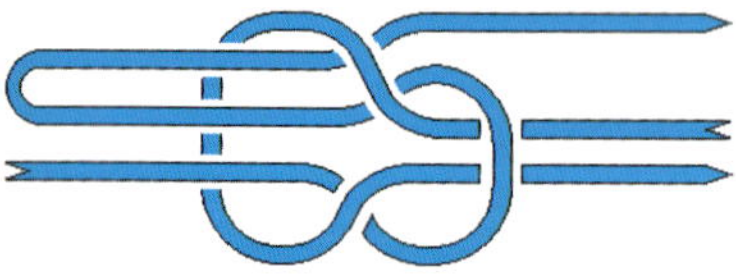

On l'obtient en rajoutant une ganse au second demi-nœud d'un nœud plat, ce qui permet de le défaire facilement s'il est souqué et humide. Comme l'indique son nom, il sert à nouer les bosses de ris. On peut également s'en servir pour rabanter une voile ferlée. Quant aux lecteurs perspicaces, ils lui reconnaîtront un certain air de famille avec le nœud qu'ils emploient pour lacer leurs chaussures !

Le nœud d'agui

Constitué de deux nœuds de chaise exécutés l'un dans l'autre, le nœud d'agui ne peut ni glisser ni se défaire même lors d'à-coups répétés. Dans ces conditions, il est donc tout à fait conseillé pour rallonger une ligne de mouillage par mauvais temps ou pour abouter deux aussières lors d'un amarrage dans un port où l'amplitude de marée est importante. Particulièrement sûr, son seul inconvénient réside dans son caractère volumineux qui risque de faire obstacle au passage dans un chaumard. Enfin, petite recommandation : pour augmenter son effet d'amortisseur, n'hésitez pas à faire de grandes boucles à chacun des deux nœuds de chaise.

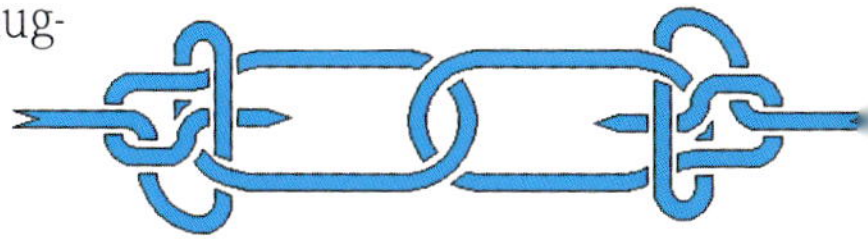

Nœud d'écoute (simple et double)

Réalisé en simple, il sert aux tisserands à relier leurs fils et aux pêcheurs à réparer les mailles de leurs filets. Quant aux gabiers de jadis, ils l'utilisaient pour relier l'écoute à la patte d'empointure de la voile. De nos jours, les points d'écoute sont souvent munis d'œillets, ce nœud ne sert donc plus dans sa fonction première. Par contre, il convient à merveille quand il s'agit de frapper une drisse sur un pavillon. La version simple du nœud nécessitant d'être assurée par une demi-clé, la logique voudra donc qu'on privilégie le nœud d'écoute double, plus solide et plus facile à défaire. Côté technique, ce nœud offre le gros avantage de permettre la réunion de deux cordages de textures et de diamètres différents, considérant que le cordage le plus gros fera office de ganse. Mais attention, notez toutefois que plus les diamètres sont différents, moins la sécurité est grande. Enfin, pour assurer une bonne tenue au nœud d'écoute, il est impératif que la tension ne subisse que peu d'à-coups.

Nœuds divers

Au-delà des quelques “indispensables”, il existe des milliers d'autres nœuds, dont certains peuvent s'avérer particulièrement utiles. Nous avons donc choisi de vous en présenter quelques-uns dans les pages qui suivent, des techniques qui vous permettront soit d'apporter une variante à vos classiques, soit de disposer d'une méthode spécifique à une tache précise, comme le nœud de brigand, bien plus pratique que les demi-clés à capeler pour amarrer une annexe susceptible d'appareiller en urgence.

Nœud de capucin

Il servait à l'origine aux moines pour nouer la ceinture de leur robe de bure… et, occasionnellement, pour se flageller. Utilisé comme nœud d'arrêt - il est alors très proche du nœud de franciscain –, on le retrouve notamment sur les tire-veilles de wishbone des planches à voile. Pour autant, le nœud de capucin trouve sa véritable identité quand on l'utilise comme nœud d'ajut, soit en enroulement vers l'extérieur, soit en enroulement vers l'intérieur. Dans tous les cas, la tâche n'est pas simple : il a en effet fallu attendre 1910 pour qu'un pêcheur amateur, Jack Purvis, parvienne à analyser la technique des spécialistes qui se gardaient bien de révéler leur savoir-faire.

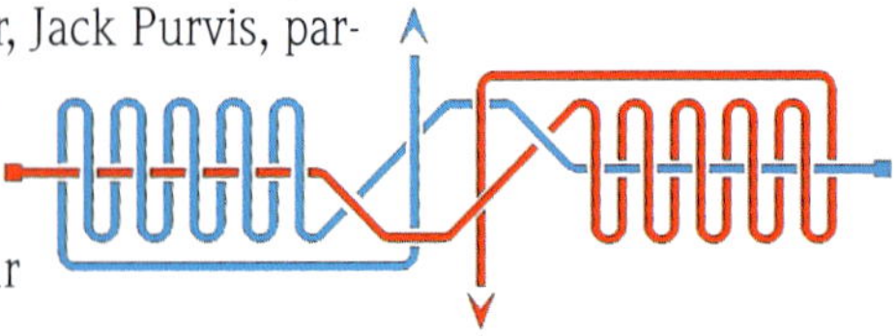

Nœud de carrick

C'est certainement un des nœuds les plus esthétiques qui soit. Apparu au XVIIIe siècle, l'origine de son nom reste inconnue, même si plusieurs pistes s'avèrent séduisantes pour trouver une explication. Ainsi, alors que certains le rapprochent du mot “caraque” qui désignait jadis un type de bateau, d'autres penchent pour une version

bien plus romantique, dénichée du côté de Carrick-on-Suir en Irlande où les plâtres élisabéthains du château d'Ormonde sont ornés de nombreux moulages représentant ce nœud. Grâce à une belle symétrie qui le rapproche de la perfection, sauf quand il est fortement souqué, ce nœud a trouvé bien des usages, du macramé – où il prend alors le nom de nœud de Joséphine –, au symbole de la fidélité adopté par la famille de Savoie, en passant par diverses ornementations. Si l'on étire une boucle sur un côté et que les brins se croisent plusieurs fois sur la longueur, on obtient une tresse de Carrick que l'on retrouve souvent sur les cordons de fourragère ou les anses de clairon. Mais revenons à notre propos !

A bord, on utilise le nœud de carrick pour abouter deux câbles de diamètres similaires ou deux cordages. Il est alors particulièrement résistant sans pour autant se bloquer, même s'il reste très longtemps dans l'eau, ce qui n'empêchera pas de génoper ses extrémités pour plus de sécurité. Excellent amortisseur, on pourra s'en servir pour un remorquage ou l'amarrage des ancres.

Nœud en huit double

D'apparence identique au nœud d'arrêt du même nom, le nœud en huit double n'a pas du tout le même usage puisqu'on s'en sert pour abouter deux cordages, notamment quand ils sont un peu volumineux. Pour le réaliser, on commence par faire un nœud en huit simple à l'extrémité de l'un des cordages, sans le serrer, puis on remonte avec le courant du second le long du dormant du premier, de manière à prendre exactement le même passage. Souqué, ce nœud est très résistant.

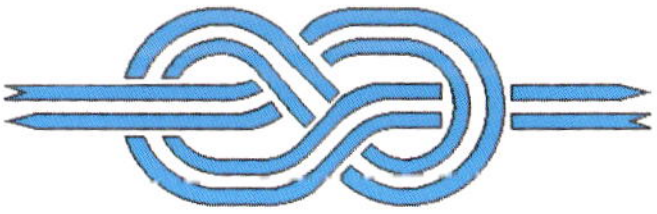

Nœud en huit double gansé

Nous avons vu que pour soulever une charge on pouvait utiliser le nœud de plein poing afin d'obtenir une poignée. Ce nœud étant difficile à défaire, mieux vaut utiliser le nœud en huit double gansé. Rapide à réaliser, facile à défaire, son assemblage permet d'ajuster facilement la boucle en tirant ou en relâchant un des deux brins. Son seul inconvénient est d'avoir tendance à vriller au serrage.

Nœud de capelage double et triple

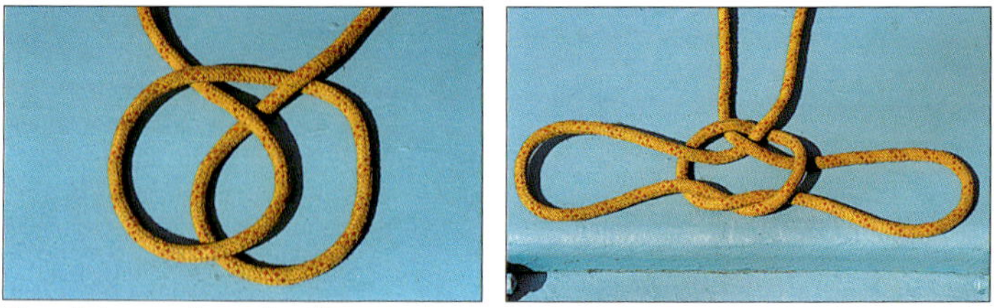

Nœud de capelage double

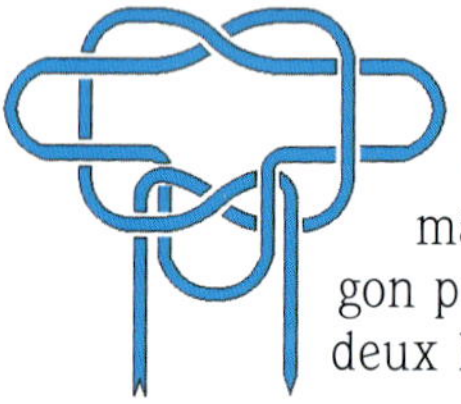

Il se réalise par simple croisement de deux demi-clés à capeler. En cas de démâtage, il suffit de le souquer en haut d'un mâtereau, d'un tronçon de mât ou d'un tangon pour installer un gréement de fortune. Ses deux bouts en simple constituent alors un étai

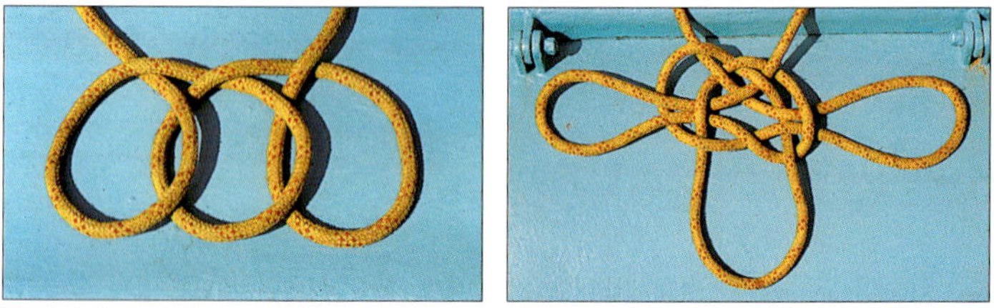

Nœud de capelage triple

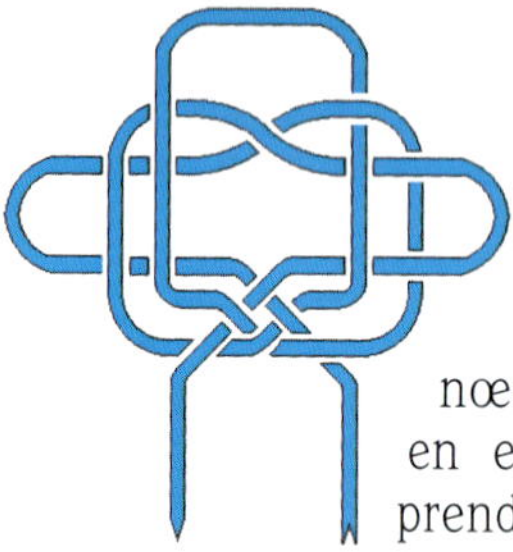

et un pataras, et ses deux boucles, éventuellement prolongées par un palan, des haubans. Utile dans les cas extrêmes, il peut également servir à gréer un mât improvisé sur une petite embarcation. Si une troisième boucle est nécessaire, le nœud de capelage peut être effectué en triple en entrecroisant trois demi-clés à capeler. Il prend alors le nom de nœud de pichet.

Nœud de chaise de pompier

Il s'agit d'un nœud de sauvetage extrêmement solide qu'on utilise pour le transbordement ou la descente d'un corps, en passant une boucle sous les bras de la victime et l'autre sous ses genoux. Pour le réaliser, on part du nœud de capelage double dont on règle la longueur des boucles par rapport à la personne à transporter. Trop lâches, les ganses risqueraient en effet de riper

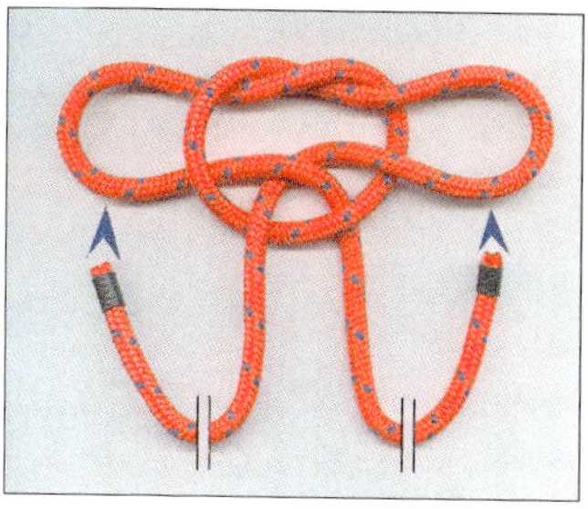

sur le corps. A ce stade, il ne reste plus qu'à souquer le nœud de capelage double puis à bloquer les deux ganses en les enserrant d'une demi-clé réalisée par chaque brin.

Nœud de brigand

Il sert à amarrer provisoirement une petite embarcation. Sur un anneau, formez une ganse dans le cordage et glissez-la dessous. Faites ensuite une boucle dans le dormant et glissez-la dans la première en passant au-dessus de l'anneau. Enfin, faites une troisième ganse, cette fois-ci dans le courant, que vous glissez par-dessus l'anneau et à l'intérieur de la seconde boucle. On verrouille l'ensemble en tirant sur le dormant. Apparemment complexe, ce nœud est pourtant très astucieux puisqu'il suffit de tirer sur le courant pour le larguer instantanément. Les brigands en avaient vite compris l'intérêt : l'histoire raconte qu'ils l'utilisaient pour attacher leurs chevaux de manière à pouvoir fuir rapidement ! Quant aux enfants, ils sont bien sûr fascinés par ce nœud magique qui se largue tout seul malgré les multiples passages que demande sa réalisation.

Nœud de bois

Il s'agit d'un nœud coulant réalisé en repliant et en enroulant plusieurs fois le brin sur lui-même. Trois tours suffisent à le rendre sûr, à condition qu'ils aient été réalisés dans le sens du commettage. Utilisé à

l'origine pour tirer une grume entre l'endroit d'abattage et une aire de chargement, ce nœud est particulièrement adapté à des tâches de remorque. Il possède également l'avantage de se larguer seul dès que la traction cesse, une caractéristique qui devra être prise en compte pour ne pas qu'elle se transforme en inconvénient !

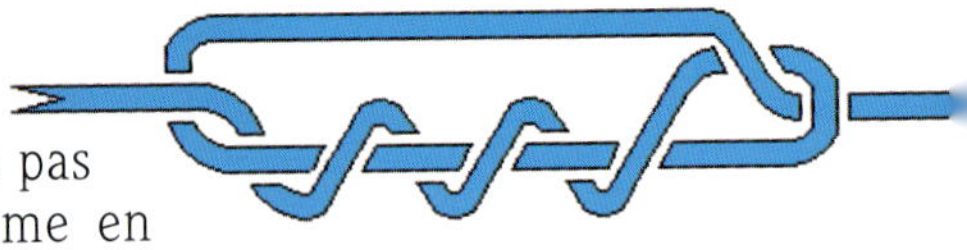

Nœud de drisse de bonnette

On l'obtient en réalisant un nœud de bois auquel on ajoute une demi-clé à l'aide du courant sur la pièce enserrée. Cette technique, également appelée nœud de petite ancre, permet de frapper une drisse sur une vergue démunie de point d'ancrage. Très sûr, ce nœud peut toutefois être très difficile à défaire, surtout s'il a été fortement souqué.

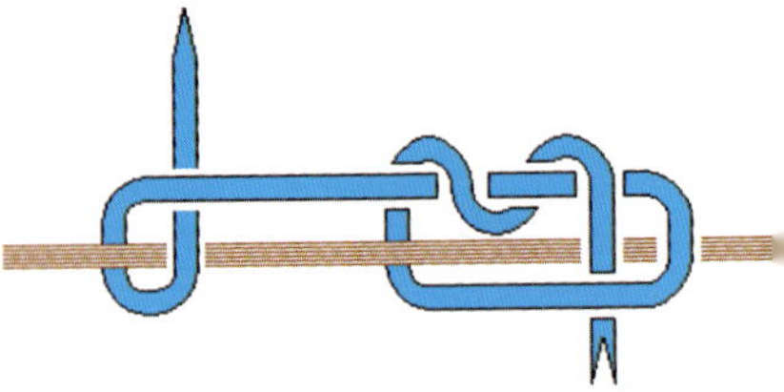

Nœud de croc

Il permet de frapper rapidement et facilement une manœuvre sur le croc d'un palan. Pour s'assurer d'une bonne stabilité et limiter les risques de glissement, mieux vaut prévoir trois ou quatre tours morts et vérifier que le courant soit bien coincé par le dormant tendu. Ce nœud se larguant dès que la traction cesse sur le dormant, il est recommandé de lui ajouter deux demi-clés si on souhaite le laisser à poste.

Nœud de griffe

Ce nœud, appelé également patte de chat, convient pour frapper un cordage sur une griffe, c'est à dire sur un croc à bec recourbé. On peut le réaliser en simple ou en double, en prenant garde, pour des questions de sécurité, que le cordage n'emplisse pas complètement la gorge du crochet.

Nœud d'arrimeur

A l'époque où les arrimeurs chargeaient et déchargeaient les cargaisons des navires de commerce, les marchandises étaient manipulées à l'aide de cartahus ou de bredindins, et on employait ce nœud d'arrêt volumineux pour empêcher le cordage de filer de la poulie. Pour le réaliser, on fait une ganse que l'on tourne deux fois sur elle-même avant d'y glisser le courant, comme pour faire un demi-nœud.

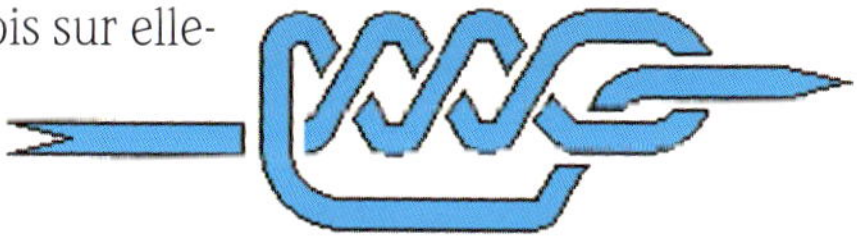

Nœud résistant aux vibrations

Amory Bloch Lovins, un grand guide de montagne, s'aperçut à l'occasion de travaux dans une scierie qu'un nœud dont il avait l'habitude de se servir, résistait particulièrement bien aux vibrations, et que celles-ci avaient pour avantage de le reserrer. Ce nœud sera donc tout à fait adapté pour un capelage résistant sur un objet en vibration, à condition que le diamètre du cordage soit inférieur à celui de l'objet.

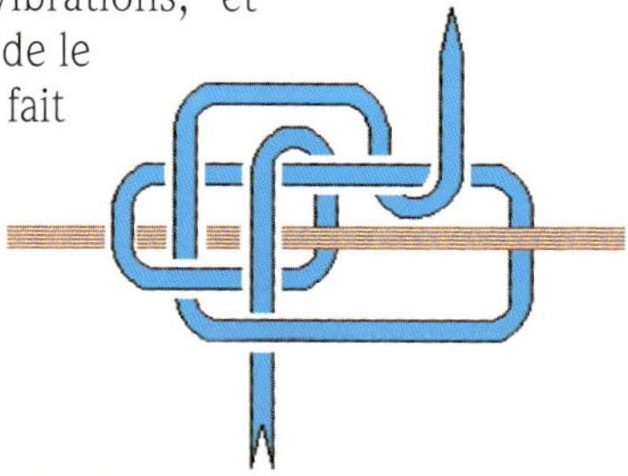

FOURRURES ET LIGATURES

Les amarrages terminés, le gréeur a posé devant lui son minahouet et les pelotes de lusin pour s'attaquer aux fourrures du bord. Le cordage déjà congréé et limandé, il lui reste à l'entourer fermement avec du bitord en s'aidant de la mailloche. Ce bateau sera alors fin prêt pour reprendre la mer en toute sécurité, le gréement bien

protégé des chocs et des ragages inhérents à la navigation. Sûr, ce voilier fera aussi l'admiration des connaisseurs qui ne manqueront pas d'apprécier ces travaux de matelotage - comme la rousture qui maintient le taquet sur un hauban -, tout en humant l'air imprégné de goudron de Norvège, une odeur propice à l'évasion.

Fourrures et garnitures

Elles prolongent la vie des voiles et des gréements dormants en les protégeant du ragage et des chocs. Très courantes sur les voiliers traditionnels, les fourrures et garnitures exécutées selon les règles participent de l'esthétique du bord en ajoutant une touche de finition et d'authenticité. Un hauban fourré avec un filin goudronné dégage en outre une odeur qui nous ramène au temps de la marine à voile aussi sûrement que la petite madeleine renvoyait Marcel Proust à ses souvenirs d'enfance.

Outillage

La mailloche et le minahouet sont les deux outils nécessaires à l'exécution d'un fourrage. Ils permettent de souquer fortement le filin tout au long de l'ouvrage. La mailloche est un gros maillet dont la masse contient une cannelure dans le sens de la longueur. Celle-ci sert à prendre appui sur le cordage à fourrer. Quant au minahouet, il s'agit d'une petite planche étroite et fine percée à une extrémité.

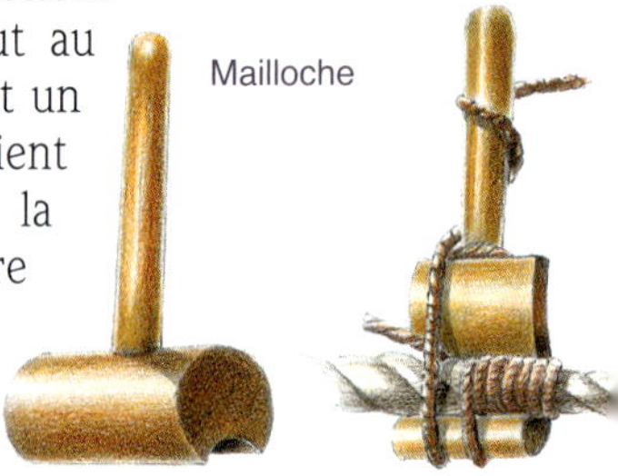

D'une utilisation similaire à celle de la mailloche, le minahouet est plus adapté à des cordages de moindre diamètre.

Congréer

Avant de fourrer un cordage toronné, on doit d'abord le congréer pour obtenir une surface plus régulière. L'opération consiste à combler les creux du bout en insérant entre les torons une ligne ou du bitord. Le cordage à congréer tendu horizontalement, on y amarre une ligne qu'on passe dans le trou du minahouet avant de faire deux tours sur le

manche. Pour congréer, il suffit de faire tourner l'outil autour du cordage tout en maintenant le filin sous la main de manière à bien régler sa tension.

Limander

Le cordage congréé, il faut ensuite le limander. Le bout toujours sous tension, on l'entoure d'une bande de toile goudronnée ou suiffée. Celle-ci s'enroule en spirale dans le sens du commettage, chaque nouveau tour venant mordre d'une demi-largeur sur le tour précédent.

Fourrer

Le cordage est maintenant prêt à être fourré. En fonction de son diamètre, on choisira pour l'opération un filin plus ou moins épais, luzin, merlin ou bitord, voire du fil de fer dans le cas d'un fourrage sur câble. L'extrémité du filin décommise en pinceau, les premiers

tours de l'enroulement – qui s'effectue dans le sens inverse du commettage – consistent à recouvrir cette amorce. Il est alors temps de gréer le filin sur la mailloche, comme indiqué sur le dessin. Une moitié de l'outil posée sur le cordage et l'autre sur la fourrure en cours, on tourne la mailloche pour enrouler le filin tout en le maintenant sous tension. On termine la fourrure en passant l'extrémité du fil sous les cinq ou six derniers tours laissés lâches que l'on serre ensuite un à un, avant de souquer le courant et de le couper au ras.

Raccorder une fourrure

Si une ancienne fourrure vient à se couper ou si le filin d'une fourrure en cours de confection est trop court, on peut tout à fait opérer un raccord solide et lisse. Il suffit pour cela de supprimer une dizaine de tours de l'ancienne fourrure avant de les ré-enrouler sur l'extrémité du nouveau filin, ce dernier prenant le relais en recouvrant à son tour les derniers centimètres du filin d'origine. On poursuit alors la fourrure de manière classique.

Fourrure à demi-clés

La fourrure classique ayant l'inconvénient de se défaire complètement si un brin vient à se couper, on préfèrera la fourrure à demi-clés là où le ragage est important. Pour la réaliser, deux méthodes sont possibles, soit une série de demi-clés effectuées à contre-commettage, soit une série de demi-clés renversées. Dans le premier cas, les demi-clés s'enroulent en spirale autour du cordage, dans le second, les nœuds restent bien alignés.

Fourrure de l'épissure d'un œil

La méthode est la même que celle utilisée pour fourrer un cordage, que l'œil soit muni ou non d'une cosse. La progression de l'ouvrage se faisant vers l'œil, on termine en passant le courant

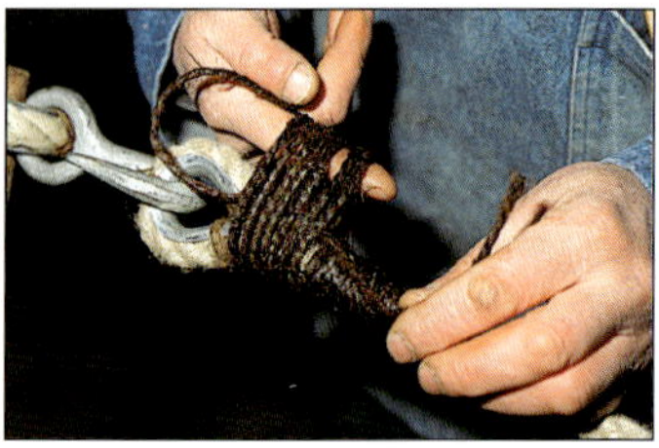

dans la boucle avant de le faire glisser sous les cinq ou six derniers tours laissés lâches. Ces derniers resserrés, on termine la fourrure en souquant le courant à l'aide de la mailloche.

Garniture

Elle protége un cordage au même titre qu'une fourrure. Ici, la protection est assurée par une gaine en tissu ou en cuir, cousue du côté opposé aux frottements. Si le cordage a été préalablement limandé, les deux extrémités de la garniture doivent se terminer par un amarrage plat ou un bonnet turc mordant à la fois sur la gaine et la partie non protégée du cordage.

Amarrages et ligatures

Ils servent à maintenir deux objets, cordages ou espars, l'un contre l'autre. Ces amarrages réalisés avec du filin de petit diamètre se retrouvent souvent à bord des bateaux traditionnels, où ils évitent l'introduction d'éléments anachroniques tout en permettant le respect de techniques qui ont fait leurs preuves. Moins courants sur les voiliers modernes où l'accastillage répond à de multiples besoins, ils seront pourtant fort utiles en cas de coup dur ou d'avarie. Attention, un amarrage assure et maintient, mais il n'est pas conçu pour être directement sollicité.

Amarrage en filin de textile

La première phase d'une ligature consiste à préparer le filin d'amarrage en réalisant un œil, si possible épissé, à l'une des extrémités et en effilochant l'autre bout pour qu'il se loge plus facilement sous l'amarrage une fois terminé. Tout au long de l'ouvrage, on se servira de deux trésillons – martyrs ou épissoirs pleins – de façon à bien souquer chaque tour effectué par le filin.

Amarrages plats

On les utilise essentiellement sur les cordages en textile naturel. On commence par baguer les deux cordages à amarrer avec le filin, en passant son extrémité dans l'œil. Ce dernier sera

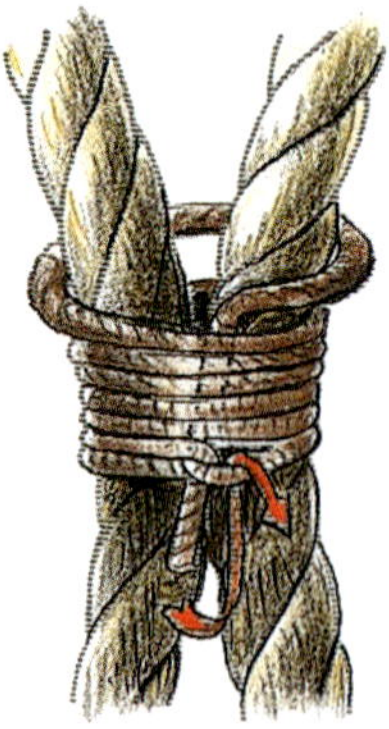

placé sur le cordage de droite si l'enroulement se fait dans le sens des aiguilles d'une montre, et sur celui de gauche dans le cas contraire. Après avoir effectué suffisamment de passages pour assurer une bonne solidité à l'amarrage, on arrête le dernier tour du même côté que l'œil avant de passer le courant du filin sous l'enroulement en s'aidant éventuellement d'un crochet fermé, voire d'une passeresse qu'on aura disposée entre les deux cordages à amarrer avant même le début de l'ouvrage. Le courant du filin glissé dans l'œil, il reste alors à le souquer pour le coincer entre l'amarrage et l'un des cordages.

Cette méthode est dite simple ; on peut également réaliser l'amarrage plat en double. Il faut alors installer deux passeresses avant l'enroulement. Quand le premier amarrage est terminé, on en rajoute un second par-dessus, le courant du filin passant au final sous les deux enroulements puis dans l'œil avant d'être souqué.

Amarrage plat avec bridure

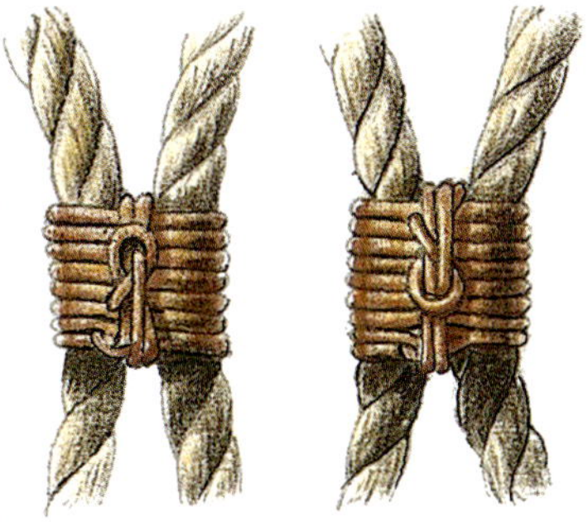

Il s'effectue de la même façon mais en plaçant l'œil au centre de la ligature, entre les deux cordages. Pour finir, on termine par une bridure en faisant deux ou trois tours entre les deux cordages de la gauche vers la droite, sans repasser nécessairement dans l'œil. Cette ligature est plus solide que l'amarrage plat évoqué plus haut.

Amarrage en portugaise

On le privilégie quand il s'agit d'amarrer des objets plus glissants, comme les cordages synthétiques ou les espars lisses. Sur des cordages, on commence par le baguage d'un des deux éléments, avant d'enrouler le filin en alternant un enroulement extérieur avec un enroulement en huit entre les deux cordages. Le dernier tour extérieur exécuté, le courant passe ensuite sous l'amarrage puis dans l'œil. On termine par une bridure.

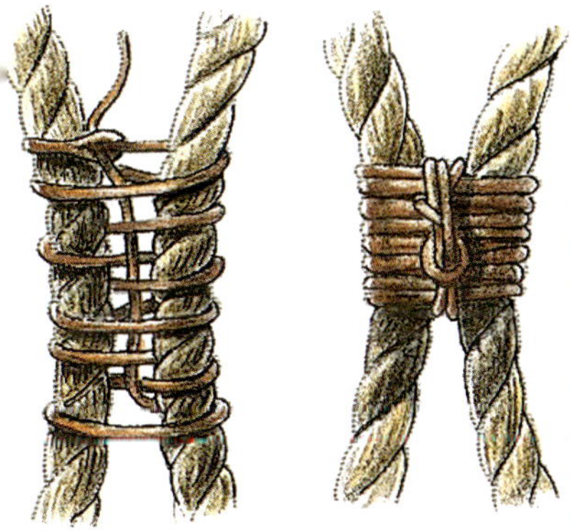

Sur des espars, on commence par les croiser avant de les saisir dans leur jonction en réalisant des tours de frappe bien souqués à l'aide du filin pris dans son milieu. Les deux courants vont alors être enroulés alternativement à l'extérieur et en huit, avant d'être amarrés en nœud plat l'un à l'autre.

Velture

Dans le cas d'espars qu'on ne peut pas croiser, on utilise une velture en guise de ligature. Il s'agit d'un amarrage plat avec bridure, celle-ci se terminant par deux demi-clés.

Aiguilletages

On les utilise pour réunir deux cordages munis d'un œil, ou un cordage terminé par un œil avec un espar. L'aiguillette – c'est le nom que prend alors le filin d'amarrage – se tourne en simple ou en portugaise.

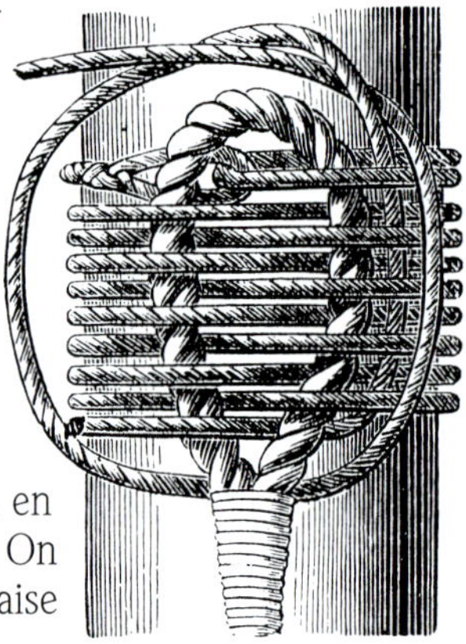

En simple, il suffit de tourner l'aiguillette en boucles entre les deux parties à raccorder, avec ou sans bridure, pour terminer par un nœud plat. En portugaise entre deux cosses, les tours se font en huit avant d'être recouverts d'une bridure. On finit en engageant le courant sous la bridure. Enfin, entre un œil et un espar, on bague l'aiguillette sur l'espar avant d'enrouler le filin en huit entre les deux points à amarrer. On termine par une bridure sur la portugaise que l'on arrête en demi-clés.

Transfilage

Il sert à gréer une voile sur un cordage ou un espar. Simple et rapide à réaliser en spirale – l'enroulement du filin est alors continu entre les deux éléments –, le transfilage à demi-clés offre l'avantage de permettre un réglage précis du creux de la voile. Indispensable pour enverguer une voile au tiers ou une voile à corne, il ne devra pas trop brider la voile sur son espar, au risque de la déformer.

A demi-clés

En spirale

Genopes

Les genopes sont des ligatures provisoires qui servent à saisir un cordage sur lui-même, sur un autre cordage ou sur un espar. Il s'agit la plupart du temps d'un amarrage plat simple directement bridé par l'extérieur. Plus ou moins solide en fonction du nombre de tours réalisés, vous pourrez faire en sorte que la genope puisse céder lors d'une sollicitation volontaire.

Amarrages en fil de fer

Les amarrages en fil métallique se pratiquent sur des câbles en acier préalablement limandés. Un œil ayant été réalisé à l'extrémité du fil – en le torsadant avec une pince – on fait deux ou trois tours à la main avant de poursuivre l'enroulement à l'aide d'un martyr, manche en bois muni d'une gorge que l'on appuie sur les cordages à amarrer. Pour le gréer, on passe le fil dans le trou inférieur puis dans celui du milieu, et enfin dans le trou supérieur après avoir fait un tour mort autour du manche. Au fur et à mesure des tours, la tension du fil pourra ainsi être importante et régulière. L'amarrage se termine par une bridure, arrêtée de la même façon que sur un amarrage textile. Deux mailloches à fourrer pourront être de bonne aide pour serrer le nœud final en faisant levier sur les câbles. Si l'envie vous venait d'utiliser des serre-câbles en lieu et place d'un amarrage, sachez qu'ils ne sont solides qu'à condition d'en mettre deux ou trois, la platine devant porter sur le câble et l'étrier sur le garant. Pour autant, malgré leur efficacité et la rapidité de leur installation, les serre-câbles restent inesthétiques et peuvent accrocher les voiles ou d'autres éléments du gréement.

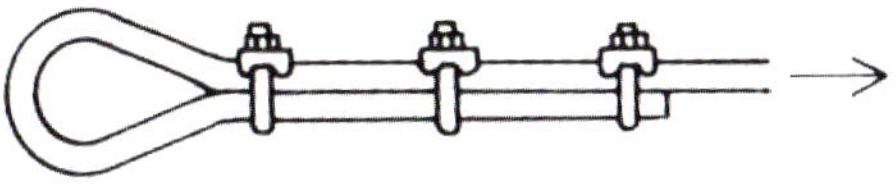

Bon

Mauvais

ÉPISSURES

Les épissures font partie du matelotage courant au même titre que les nœuds. Leur solidité et leur esthétique allant de pair, elles sont souvent l'ouvrage à travers lequel on peut juger du vrai marin.

Si ce travail vous inquiète, rassurez-vous, la technique finira par rentrer à force d'entraînement, jusqu'à faire de vous un expert dans l'entrelacement des torons. Peu à peu, vous vous rendrez d'ailleurs

compte de leur utilité à bord, qu'il s'agisse de réunir deux bouts, de finir un cordage, voire de confectionner un œil muni d'une cosse. Et, reconnaissons le, de belles épissures à l'extrémité de vos bouts ne manqueront pas de rendre jaloux votre voisin de ponton qui se sera contenté d'adhésif !

Outillage et technique

Bien que l'on puisse réaliser une épissure avec ses seules mains, quelques outils sont réellement indispensables pour faciliter le travail et aboutir à un bel ouvrage. À commencer par le couteau et l'épissoir, la troisième main du gabier, qui ne manque pas de les arborer fièrement dans un étui de cuir pendu à sa ceinture. Plein ou creux, en bois ou en métal, l'épissoire permet d'écarter les torons d'un cordage pour réaliser les différentes passes de l'épissure. Comme le couteau, cet outil devra impérativement être muni d'une retenue, notamment en cas de travaux à effectuer dans le gréement. Un tel objet qui tombe de plusieurs mètres peut en effet aller à l'eau... mais aussi blesser l'équipage ! Enfin, un petit maillet pourra vous être utile en cas de travail sur des cordages de fort diamètre pour bien mettre en place le commettage.

L'épissoir des matelots du quatre-mâts *Sedov*.

Côté technique, vous aurez souvent besoin de confectionner des surliures d'arrêts à demi-clés pour éviter de voir les cordages se décommettre de trop. Si les torons ont tendance à s'effilocher, vous pourrez également les surlier ou les entourer d'adhésif pour faciliter les passes, à moins qu'il ne s'agisse de cordages synthétiques, auquel cas il suffit de brûler les extrémités. Côté vocabulaire, on appelle "passe" le passage d'un toron sous un autre, "demi-passe" une passe faite avec un toron ramené à la moitié de sa grosseur initiale, et quart de passe un toron ayant effectué une demi-passe et que l'on réduit encore de moitié. Ainsi, une belle épissure sera composée d'au moins trois passes, puis d'une demi et enfin d'un quart de passe, ces deux dernières permettant d'affiner l'ouvrage. Ultime recommandation : avant de considérer votre travail terminé, n'hésitez pas à reprendre la tension des torons un par un, en roulant l'épissure entre vos paumes pour que tout se mette bien en place.

Nœuds constitués par les torons d'un cordage

La tête-de-More

Elle sert à arrêter de manière provisoire le décommettage d'un cordage. Sa réalisation étant aussi simple mais plus rapide qu'une surliure, la tête-de-More présente l'avantage de ne pas donner de surépaisseur et d'être plus élégante. Le cordage – qu'il soit en 3 ou en 4 – décommis sur quelques centimètres, on le tient d'une main, le bout vers

Une tête d'alouette.

le haut et les torons pendant régulièrement autour du poing. Faire passer le premier toron par-dessus son voisin – considéré dans le sens du commettage –, et ainsi de suite jusqu'au dernier toron que l'on introduit dans la première boucle de manière à le faire sortir par le bas. En souquant chaque toron, on obtient alors une tête-de-More. Réalisée sur un grelin, soit un cordage à neuf torons, la tête-de-More prend le nom de tête d'alouette.

Le cul-de-porc

Il s'agit en quelque sorte d'une tête-de-More à l'envers. Au lieu de placer chaque toron par-dessus le suivant jusqu'à faire entrer le dernier dans la boucle du premier, de manière à ce qu'il sorte vers le bas, on passe les torons par-dessous les suivants en faisant

entrer le dernier dans la boucle du premier, mais vers le haut. Le cul-de-porc est plus solide que la tête-de-More pour une utilisation équivalente bien qu'il présente le désavantage de se défaire si on coupe les courants trop ras. Pour l'anecdote, si on multiplie les culs-de-porc les uns après les autres, on obtient un scoubidou.

Les épissures d'extrémités

La tête-de-More et le cul-de-porc empêchent provisoirement un cordage de se décommettre. Poursuivis par une épissure, ils sont à l'origine des épissures d'extrémités. Une fois la tête-de-More ou le cul-de-porc bien souqué, on épisse les torons en remontant le long du cordage dans le sens inverse du commettage, jusqu'à réaliser au moins trois passes. Ces épissures en tête-de-More ou en cul-de-porc empêchent le cordage de se décommettre. On dit qu'elles le finissent.

Très esthétiques, elles ne sont pourtant pas adaptées à de multiples usages en raison de la surépaisseur qu'elles donnent au bout. Cette caractéristique, préjudiciable à un cordage devant passer dans un filoir ou une poulie, peut au contraire être un avantage lorsqu'il

s'agit de "marquer" un bout. L'épissure indique ainsi au matelot l'extrémité imminente du cordage – ligne de sonde, orin d'un seau, etc. – en plus de lui fournir une prise. Envers du décor, ces prises peuvent être à la source de blessures aux mains quand le brin file très vite et qu'on a le (mauvais) réflexe de serrer au contact de cette surépaisseur de peur que le cordage échappe. Pour éviter une telle mésaventure, il sera souhaitable de finir l'ouvrage en queue-de-rat, technique qui consiste, dès la deuxième passe, à gratter chaque toron au couteau pour supprimer quelques brins. L'opération réitérée au fur et à mesure des passes, le diamètre des torons actifs diminue progressivement pour donner une épissure "noyée" dans le cordage. Pour éviter que les fils ne s'ébouriffent, chaque toron actif est enduit de suif ou de paraffine.

Les épissures

Les techniques d'épissures sont les mêmes, que les cordages soient naturels ou synthétiques. Pour autant, les particularités des bouts synthétiques devront être prises en compte tout au long de la réalisation de l'ouvrage.

Ainsi, quand on décommet les torons, il faut prendre soin de souder leur extrémité avec un fer chaud ou une flamme pour éviter qu'ils ne s'effilochent. Par ailleurs, le commettage d'un cordage textile ayant tendance à se refermer plus facilement, on aura souvent besoin d'une épissoire creuse pour passer les torons. Enfin, ces cordages étant glissants, il est recommandé de faire une passe de plus que sur les cordages en textiles naturels.

Epissure carrée

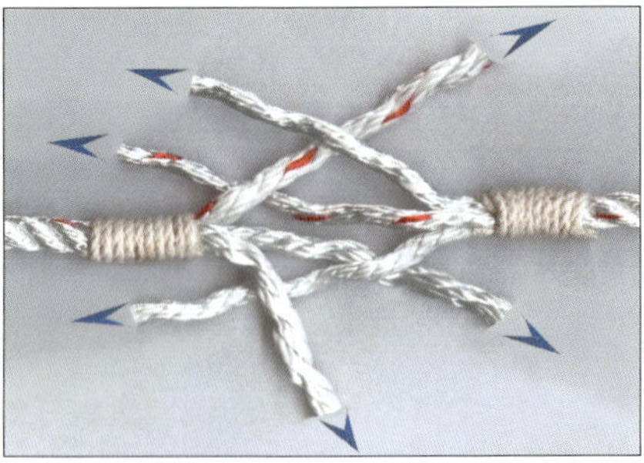

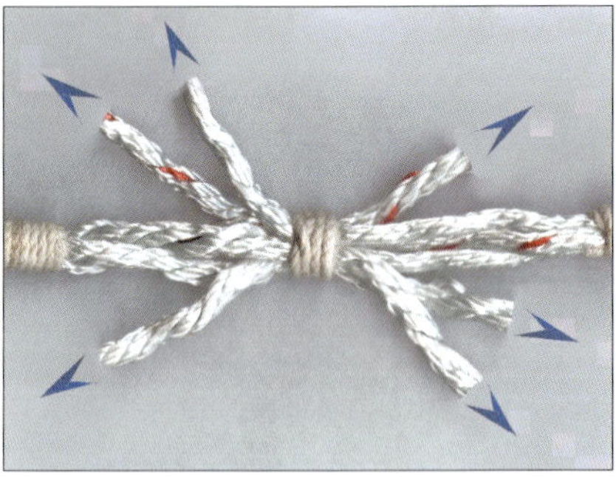

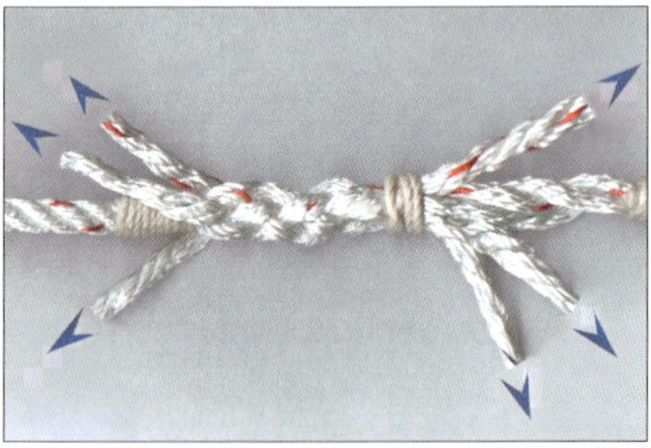

On l'utilise pour rabouter deux cordages sans trop de surépaisseur, ce qui évite les blocages et usures prématurées dans les réas de poulie. La première opération consiste à surlier chacun des cordages à environ douze ou quinze centimètres de leur extrémité, cette distance étant fonction du diamètre des bouts à épisser. Les deux cordages décommis jusqu'aux surliures, on les rapproche l'un de l'autre de telle manière que chaque toron de l'un passe entre deux torons de l'autre. Les bouts ainsi accouplés, on réalise au point de jonction une légère surliure qui permettra de retenir les torons engagés. On peut alors commencer l'épissure proprement dite.

Pour faciliter l'ouvrage, il convient d'épisser d'abord un côté plutôt que les deux en même temps. Par commodité, les torons passants seront dits " actifs " et ceux subissant les passages seront dits " passifs ". Chaque toron se présentant déjà positionné par rapport à ceux d'en face, cet ouvrage est un des plus faciles dans la grande famille des épissures. Ainsi, on commence par passer le premier toron actif sur le toron passif en face duquel il se trouve, puis sous le toron passif suivant. On poursuit le travail de la même manière pour chaque toron jusqu'à avoir effectué au moins quatre passes, souquées au fur et à mesure. L'épissure terminée d'un côté, on peut attaquer la seconde en supprimant la petite surliure centrale dès le deuxième passage de chaque toron actif, l'occasion de souquer la liaison. L'ensemble achevé, il ne reste plus qu'à rouler l'épissure fortement entre les paumes pour que chaque toron se positionne parfaitement.

Epissure ronde longue

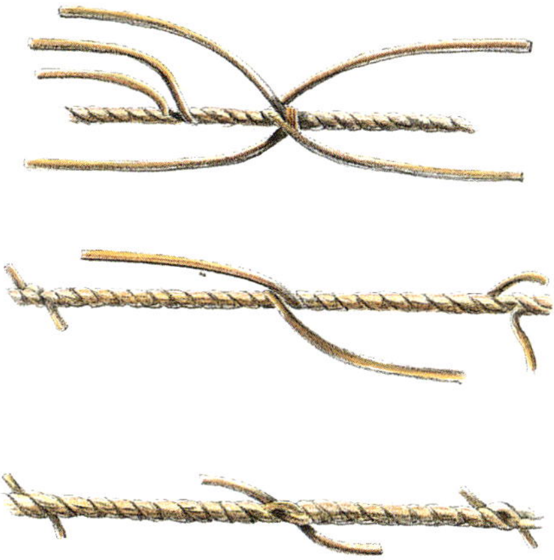

Moins solide que l'épissure carrée, elle a l'avantage de ne présenter presque aucune surépaisseur. On l'utilise ainsi pour rabouter deux cordages ou faire un cordage en boucle. Sur un bout à trois torons, le départ est le même que celui de l'épissure carrée : surlier chacun des cordages à une distance de l'extrémité d'environ douze fois la circonférence du filin, décommettre les deux parties puis les rapprocher en engageant les torons. Arrivé à ce stade, on coupe une des surliures pour poursuivre le décommettage d'un des torons. Dans le vide ainsi laissé, il s'agit alors de recorder le toron correspondant de l'autre cordage en veillant à lui conserver sa propre torsion. Parvenu à son extrémité, on le relie au toron auparavant sorti à l'aide d'un demi-nœud en les croisant dans le sens du commettage. On introduit alors chacune des extrémités restantes sous deux torons cordés et on finit par une demi-passe, toujours sous deux torons. On répète alors l'opération, mais cette fois-ci de l'autre côté. Quant aux deux torons restant au milieu, on les entrelace par un demi-nœud, avant de finir par une passe et une demi-

passe sous deux torons. Pour bien faire pénétrer chaque toron et aplatir les demi-nœuds, on termine en martelant doucement l'épissure au maillet. L'ensemble souqué, il suffit de couper à ras l'excédent des torons.

Episser un œil

L'œil classique

Commencez par réaliser une surliure à environ quinze centimètres de l'extrémité du cordage. Détoronnez jusqu'à la surliure puis ramenez celle-ci jusqu'à ce qu'elle touche le point précis du cordage qui déterminera la dimension de l'œil. On se retrouve ainsi avec des torons libres, dits actifs, qui devront s'entremêler aux torons de la partie de cordage encore commise, torons dits passifs.

Dans le cas d'un cordage en trois, en considérant que l'œil se trouve vers vous, passer le toron actif central sous le toron passif du milieu, dans le sens inverse du commettage. Toujours dans le même sens, introduire le toron actif gauche sous le toron passif gauche, puis le toron actif droit sous le passif droit. On effectue ensuite une seconde passe, puis une troisième – voire d'autres si le cordage est glissant - en introduisant dans le sens inverse du commettage chaque toron actif sous le toron passif qui se trouve à sa gauche. Une fois vérifié que les torons actifs ne se croisent jamais, ressortant bien un à un de chaque toron passif, on peut souquer l'ensemble jusqu'à ce que la surliure vienne en contact avec le dormant et referme ainsi l'œil. Il reste alors à couper les brins qui dépassent. Sur un cordage synthétique, on utilisera pour cela un couteau ou une lame de scie chauffée au rouge, ce qui permettra de coller les brins au cordage, en prenant garde toutefois de ne pas le brûler.

Dans le cas d'un cordage en quatre, on dispose les torons actifs de part et d'autre du bout encore toronné, soit deux de chaque côté. En travaillant toujours dans le sens inverse du commettage, passer le toron actif extérieur gauche sous les deux torons cordés de gauche. Passer ensuite le toron actif intérieur gauche au même endroit mais seulement sous un toron. Prendre alors le toron actif extérieur droit et l'introduire sous un seul toron, dans le créneau d'où sort le premier toron actif. Introduire enfin le toron actif intérieur droit sous un seul toron, dans le créneau d'où sort le précédent. On poursuit alors en effectuant au moins deux passes dans le sens inverse du commettage pour achever l'épissure comme expliqué dans celle à trois torons.

Epissure sur anneau

L'épissure sur anneau se réalise de la même façon que l'œil épissé, en rajoutant quelques passes dans le sens inverse du commettage. On l'utilise sur le point d'écoute des voiles ou pour tourner une amarre destinée à rester en place longtemps, en lieu et place d'un nœud de chaise par exemple.

Œil à la voilière

Cette épissure s'effectue sur des ralingues, soit des cordages à trois torons, en travaillant dans le sens du commettage. Le bout décommis sur plusieurs centimètres, on introduit le premier toron actif sous le toron passif correspondant. On passe ensuite le toron actif droit sous le toron passif situé immédiatement au-dessous du précédent, puis on retourne le cordage pour introduire le toron actif gauche dans le créneau du toron actif droit pour le faire sortir dans le dernier créneau encore libre. On continue par deux passes,

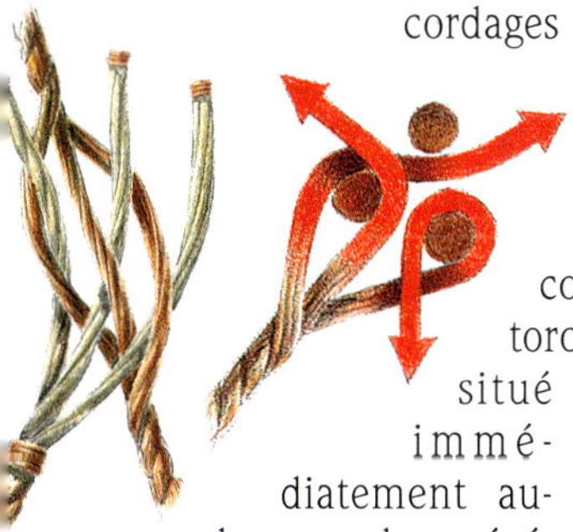

toujours dans le sens du commettage, pour terminer par une demi-passe ou un mariage (amarrage avec du fil à voile).

Œil à la flamande

Moins solide que les deux techniques précédentes, l'œil à la flamande offre l'avantage de n'occuper qu'un faible volume. Sans détruire leur torsion, on décommet les torons sur un peu plus de la longueur totale à donner à l'œil. Si le cordage est en trois, laisser un toron de côté et recorder les deux autres en commençant par les croiser à la moitié de leur longueur. On remonte alors vers le dormant avant d'épisser les deux torons à la voilière. Quant au troisième, on le perd dans l'épissure ou on le corde à son tour de la même façon. Si le cordage est en quatre, les torons se recordent par paires.

Œil sur cosse

Tout commence ici par deux surliures, la première, servant à indiquer la longueur de cordage à décommettre, et la seconde qui est éloignée de la précédente d'une longueur équivalente au périmètre de la cosse mesuré dans sa cannelure. On peut alors rentrer le bout dans la cosse en l'insérant bien dans la cannelure, de telle sorte que les deux surliures affleurent aux becs de la cosse. On fait alors trois amarrages plats, un au sommet de la cosse et deux à la base des deux branches. Le cordage ainsi maintenu, il reste à décommettre les torons pour réaliser une épissure classique. L'ouvrage terminé, on retire les amarrages avant de souquer l'épissure, puis on coupe l'excédent des torons.

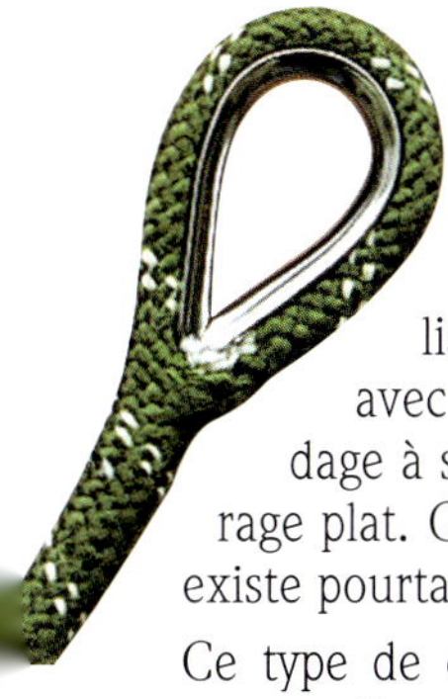

Œil sur cordage synthétique tressé

Bien souvent, les plaisanciers préfèrent réaliser un œil sur un cordage synthétique tressé, avec ou sans cosse, en cousant le courant du cordage à son dormant, avant de terminer par un amarrage plat. Cette méthode est tout à fait fiable, mais il en existe pourtant une autre, bien plus esthétique.

Ce type de cordage est en général constitué d'une âme recouverte d'une gaine protectrice. La première phase pour confectionner un œil consiste à ouvrir la tresse à une quinzaine de centimètres de l'extrémité du cordage pour en extraire d'autant l'âme. On pourra s'aider pour cela d'une épissoire. On replie alors le bout sur lui-même de telle sorte que le point de séparation de la gaine et de l'âme vienne en contact avec le cordage, formant ainsi un œil de la taille souhaitée. L'opération va alors consister à faire entrer les parties libres de la gaine et de l'âme, dites actives, sous la gaine encore en place, dite passive. Pour cela, vous devrez impérativement être muni d'une longue aiguille au chas suffisamment large, que vous passerez sous environ cinq centimètres de gaine passive, de manière à ressortir au point de jonction. L'âme passée – éventuellement toron par toron – on réitère l'opération pour la gaine active, en évitant de la faire sortir au même endroit et du même côté que l'âme. Il ne reste alors plus qu'à couper la gaine et l'âme actives pour les faire rentrer sous la gaine passive. Cette épissure est trop simple pour être considérée comme solide ; vous vous apercevrez pourtant rapidement de la résistance de l'ouvrage. En effet, plus la tension est importante, plus la gaine passive écrase l'ensemble, qui ne peut donc pas glisser.

TRAVAUX DE CONFECTION

De nos jours, la diversité et la profusion de l'accastillage permettent souvent de se dispenser de bon nombre de savoir-faire jadis courants et indispensables à bord des voiliers, comme estroper une poulie ou épisser un erseau. Pour autant, ces techniques pourront vous être très utiles pour équiper à bon escient un bateau traditionnel ou un yacht classique. Au-delà, elles vous permettront également d'éviter

le recours à un équipement financièrement coûteux. Enfin, comme souvent, ces connaissances en matelotage vous seront d'une grande aide dans certaines situations. Une dame de nage qui part au fond ? Pas de panique, une garcette convertie en estrope autour d'un cabillot et vous voilà de nouveau en route !

Une estrope d'aviron

Les bouts et chutes qui traînent à bord d'un bateau permettent de répondre à une grande partie des

besoins en équipement du bord. Ainsi, pour réaliser une estrope d'aviron, on peut utiliser un toron d'aussière ou une lanière de cuir. Un nœud d'arrêt réalisé à une des extrémités du cordage – demi-nœud ou nœud en huit –, on fait trois tours entre le tolet et l'aviron en prévoyant un débattement suffisant pour pouvoir nager sans gêne. Il suffit alors de brider les trois tours en capelant deux demi-clefs près du nœud d'arrêt.

Une erse en bitord

Il est facile de confectionner une erse en tournant du bitord autour de deux points fixes écartés d'une distance équivalente au diamètre qu'on souhaite donner à l'erse. Une fois parvenu à un écheveau de la grosseur souhaitée, les fils sont maintenus ensemble grâce à un transfilage à demi-clefs réalisés sur toute la longueur. Cette erse dont les fils ne sont pas toronnés a une résistance plus grande qu'un cordage de même diamètre étant donné l'absence de commettage.

Un erseau textile

Il est bien plus esthétique que l'erse en bitord. Pour le réaliser, on prélève sur un cordage – de préférence commis en quatre – un toron d'une longueur équivalente à trois fois et demie la circonférence qu'on souhaite donner à l'erseau. On réalise alors, en partant d'une des extrémités, une boucle du diamètre à donner à l'erseau avant de recorder le toron en l'enroulant sur

lui-même et en suivant les torsades pour le replacer dans son commettage. Au cours de la progression, il faut donner au toron une légère torsion dans le sens des aiguilles d'une montre pour qu'il prenne bien sa place. Au terme du troisième tour, l'erseau se termine comme une épissure longue en faisant d'abord un demi-nœud puis en introduisant les courants sous deux torons cordés et en finissant par une demi-passe (c'est-à-dire une passe avec le toron diminué de la moitié de son diamètre).

L'erseau ayant à bord des usages multiples, notamment pour saisir un palan ou tout simplement pour servir de poignée sur une main courante, vous pourrez profiter de l'occasion pour en réaliser trois autres dans la foulée du premier, histoire de ne pas perdre les trois torons restants du cordage en quatre.

Un erseau métallique

La méthode de réalisation est la même que celle utilisée pour l'erseau textile. Un toron prélevé sur un cordage métallique commis en trois, on réalise un demi-nœud au terme de la première boucle avant de recorder en commettant le filin sur lui-même. Le deuxième tour terminé, il faudra s'aider pour le troisième d'un épissoir que l'on glissera entre les deux torons déjà cordés.

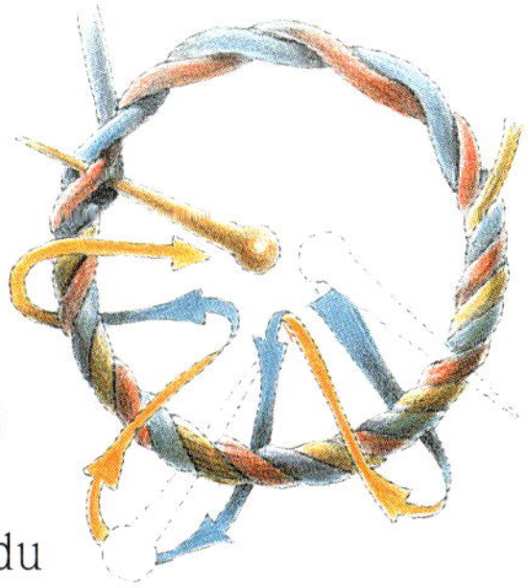

En faisant tourner l'épissoir autour du cordage – attention à ce que la partie non engagée de l'outil ne soit pas plus longue que le diamètre de l'erseau –, on fera ainsi rentrer le troisième toron. Quant à la finition, c'est la même que pour celle de l'erseau textile : un demi-nœud avec les deux extrémités, puis une passe et une demi-passe comme pour une épissure longue. L'égalisation de l'enroulement peut être effectuée au marteau.

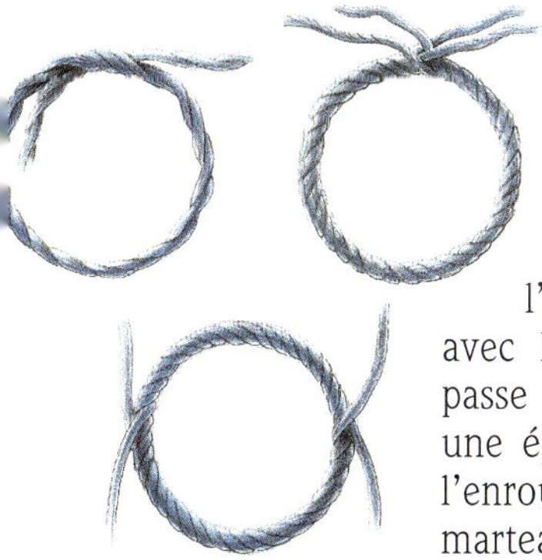

Estroper une poulie

Une estrope est un lien en cordage textile ou métallique que l'on a épissé par les deux bouts et dont on entoure les poulies, les cosses, les margouillets ou filoirs. Une estrope peut être également réalisée avec un erseau ; elle peut être en simple ou en double.

Les estropes à épissure carrée servent pour le gros et moyen pouliage. Pour réaliser une estrope simple, il faut compter une fois et demie le périmètre de la poulie au niveau des engoujures et ajouter encore la longueur nécessaire pour faire l'épissure. Quand l'estrope est terminée, on doit la mettre sous tension pour que l'épissure vienne bien en place, avant de couper l'extrémité des torons qui dépasse. On pourra éventuellement la fourrer. Arrivé à ce stade, on introduit la poulie dans l'estrope en prenant soin de placer le cul de la caisse sur l'épissure et en engageant bien le filin dans les engoujures. Il reste alors à installer la cosse en prenant garde de bien la centrer, avant de réaliser un amarrage provisoire entre les deux brins de l'erseau de manière à bien les appuyer ensemble. Puis on termine en effectuant un amarrage plat double avec bridure en partant de la cosse pour aller vers la poulie et en enlevant au fur et à mesure l'amarrage provisoire.

Pour plus de solidité, on peut mettre deux estropes indépendantes à condition que la poulie comporte deux engoujures. Pour autant, les quatre brins devront être amarrés ensemble. On peut également faire une estrope double avec un seul filin ; celui-ci devra alors avoir trois fois la longueur du pourtour de la poulie. Enfin, il est possible de faire une estrope avec un erseau à condition que la poulie utilisée n'ait pas à subir de gros efforts. Une telle estrope est en effet moins résistante que celle réalisée avec une épissure carrée.

Une paire d'écoutes

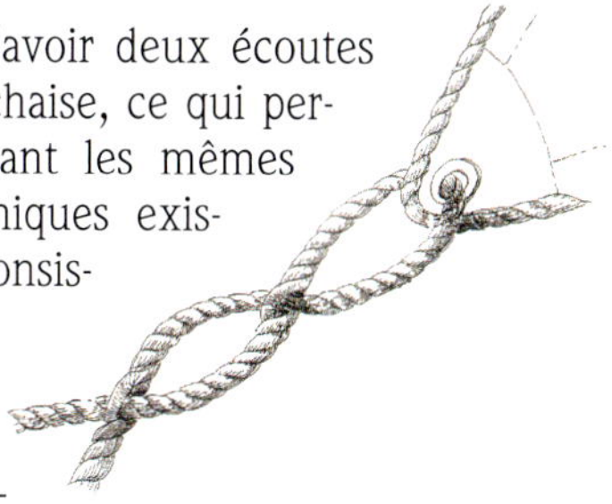

Aujourd'hui, la tendance est d'avoir deux écoutes reliées au foc par des nœuds de chaise, ce qui permet de changer de foc en gardant les mêmes écoutes. Pourtant, d'autres techniques existent, à commencer par celle qui consiste à faire deux écoutes dans un seul bout. Le cordage passé dans la cosse du point d'écoute et les deux parties étant de même longueur, on croise deux fois les brins en introduisant le premier à l'intérieur des torons du second, avant de recommencer l'opération en passant le deuxième brin dans les torons du premier. Cette technique, appelée paire d'écoutes croisées, a le désavantage d'offrir une écoute solidaire de la voile, ce qui implique qu'il faut installer une autre écoute si on change de foc. Par ailleurs, autre désavantage, le point d'usure se produit toujours au même endroit.

Plus recherché, on peut réaliser une paire d'écoutes en reliant deux cordages par une erse à bouton. Pour cela, on termine l'un des deux bouts par un bouton constitué d'un nœud de tête-de-More ou de cul-de-porc, et l'autre par un œil épissé légèrement plus large que le bouton du premier. Une fois le cordage muni d'un œil passé dans le point d'écoute puis relié au second par introduction du bouton, il reste à réaliser un amarrage plat avec bridure entre les deux écoutes.

Enfin, si vous souhaitez démultiplier la force de vos écoutes sans avoir pour autant recours à un pouliage coûteux, vous pourrez réaliser une paire d'écoutes à pantoire. Une cosse passée dans le point d'écoute, on y insère un court bout, bridé par un amarrage plat, avant d'installer un margouillet à chacune de ses extrémités. Ce système ayant l'inconvénient d'être fixe, vous pourrez le rendre mobile en reliant la cosse au point d'écoute par une manille, ou en concevant la pantoire selon la

technique de l'erse à bouton décrite ci-dessus. Bref, toujours est-il qu'une fois la pantoire en place, il vous restera à passer une écoute dans chaque margouillet, une de leur extrémité capelée en arrière – par exemple avec un nœud de chaise passé sur le taquet où vous tournerez la manœuvre –, et l'autre, mobile, agissant comme le brin d'un palan simple.

Saisir un bout renversé

Lorsqu'un cordage métallique est trop gros pour être muni d'un œil épissé, ou, si pour une même tâche le diamètre d'un bout en textile tressé est trop faible pour être travaillé, le plus simple pour réaliser un œil autour d'un cap-de-mouton ou d'une cosse est de tenir l'ensemble au moyen de plusieurs amarrages plats. La règle veut que le bout soit prolongé sur une longueur d'environ huit fois la circonférence de l'œil au-delà de la cosse ou du cap-de-mouton. Les deux parties du cordage posées l'une contre l'autre, il est d'usage de faire cinq amarrages, les deux d'extrémité devant être réalisés avec bridure. Dans le cas des cordages synthétiques, plus glissants, la sécurité voudra qu'on effectue le premier amarrage en portugaise.

Confectionner une défense

Il est possible de réaliser des défenses avec les bouts dont on dispose à bord, notamment ceux suffisamment usagés pour ne plus pouvoir prétendre à une quelconque utilisation impliquant une résistance sûre (amarrage ou gréement). Une défense légère peut être confectionnée à partir d'un cordage terminé d'un côté par un œil et de l'autre par un nœud de cul-de-porc double. Autour de ce bout, il s'agit de faire un remplissage avec des vieux cordages maintenus par des amarrages. Au final, l'ensemble sera recouvert avec des bouts amarrés côte à côte en dessous de l'œil, puis tressés ensemble en effectuant une série de tours morts avec les brins allant toujours dans le même sens. Arrivé en bas, on arrêtera l'ouvrage à l'aide d'un deuxième amarrage au-dessus du cul-de-porc. Ce joli travail de matelotage, toujours très remarqué des amateurs, pourra également vous servir à habiller les défenses en plastique, peu adéquates lorsqu'on navigue sur une belle unité. Reste que pour plus de détails sur la confection des défenses, leur esthétique pouvant être poussée très loin, l'idéal sera de vous reporter à un ouvrage de fond, comme par exemple l'ouvrage de Georges Devillers "Matelotage et Voilerie".

Paillassons

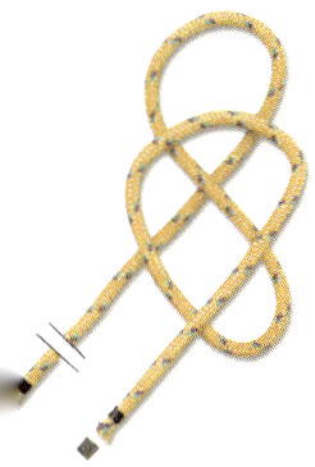

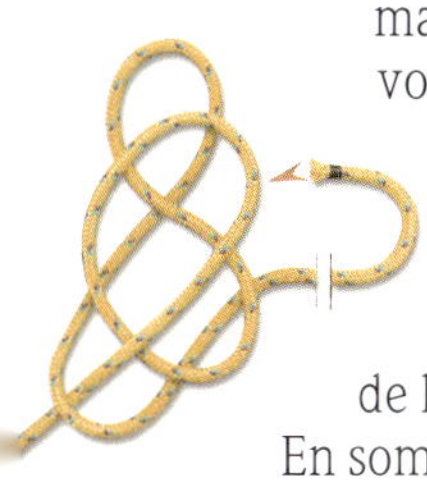

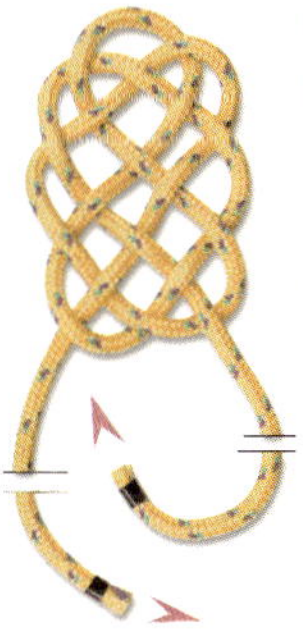

La confection d'un paillasson, ou d'une baderne, nécessite de la patience, mais surtout une grande quantité de cordage tant l'ouvrage est un gros consommateur de bouts. Sa réalisation restant très simple si l'on suit pas à pas le schéma proposé – dessin que vous pourrez agrandir à l'aide d'une photocopieuse pour visualiser chacune des étapes à taille réelle –, une des règles de l'ouvrage consiste à respecter le coefficient 25. En somme, si vous souhaitez obtenir un paillasson qui fasse douze centimètres de large, vous obtiendrez la longueur de bout nécessaire en multipliant cette largeur par 25, soit trois mètres. Au final, le paillasson sera du plus grand chic si vous le posez sur le quai à quelques centimètres de votre hiloire, à moins que vous ne vous en serviez comme dessous-de-plat. Plus sérieusement, une baderne sera tout à fait la bienvenue pour protéger un pont du choc des poulies, voire de toute autre source de ragage : manchon de tangon, ferrure de bôme…

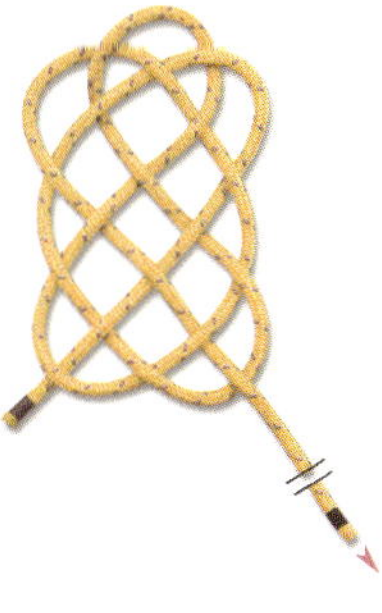

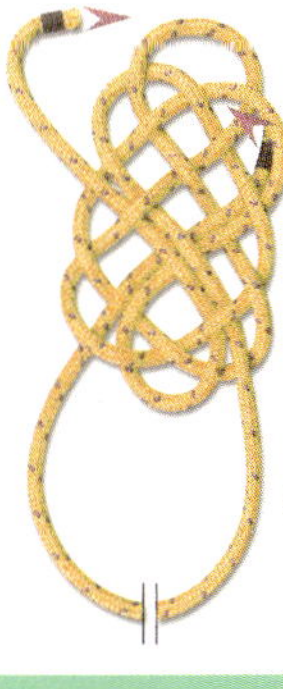

5

VOILERIE

Assis sur son banc, les outils à portée de main, le voilier apporte les ultimes finitions à son ouvrage, à l'image de cette patte à cosses doubles greffée sur la ralingue. Beaucoup de travaux de voilerie restant l'affaire de professionnels, il vous sera pourtant très utile de maîtriser au moins certaines techniques. En route au large, loin de

tout port, personne n'est en effet à l'abri d'une voile qui se déchire ou d'un point d'écoute qui lâche et qu'il faut aussitôt réparer. Dans les pages qui suivent, vous allez donc apprendre plusieurs notions bien utiles, des simples gestes de couture à la confection d'un œil, en passant par la réalisation d'un sac à voile.

Fibres naturelles et synthétiques

De nos jours, les tissus en fibres naturelles – lin, coton, chanvre – sont devenus rares, et donc relativement chers, les industriels n'ayant plus une clientèle suffisante pour maintenir leur activité. Ces produits sont en effet peu à peu délaissés par les plaisanciers "modernes" du fait d'une certaine tendance à se déformer, en plus de se piquer quand ils restent à l'humidité. Grâce aux miracles de la chimie, le polyester a vu le jour jusqu'à s'imposer peu à peu sur les bateaux actuels en raison de ses multiples qualités, dont la résistance à la déformation et à l'humidité. En fonction de la dimension des voiles et des conditions de leur utilisation, on trouvera des laizes allant de 92 à 140 cm dans des grammages de 90 à 750 grammes par mètre carré.

Alors que les grands constructeurs privilégient la couleur blanche pour gréer leurs unités, il est tout à fait possible de se procurer des fibres colorées. Ainsi, les propriétaires de yachts classiques ou de bateaux de travail peuvent allier les qualités du matériau à des teintes plus en adéquation avec leur voilier, comme l'écru ou l'ocre.

Le polyester étant la fibre synthétique la plus répandue, sachez toutefois qu'il existe également d'autres matériaux, dont certains imitent assez bien l'aspect du coton comme la toile "clipper", sans parler des matériaux les plus récents, très chers et réservés aux unités de régate pure.

Outillage de couture

Pour être à tout moment en mesure d'effectuer un travail de voilerie, votre caisse à outils devra comporter quelques outils indispensables, soigneusement rangés dans une trousse. Outre le classique épissoir, vous devrez disposer d'un jeu d'aiguilles. Disponibles en différentes tailles, certaines serviront à la couture avec un fil du même matériau que la voile, d'autres, plus épaisses, à des travaux divers tels que la pose d'œillets, de ralingues, de garnitures en cuir, ou tout simplement pour traverser des renforts épais. Ces aiguilles en acier sont cylindriques du côté du chas et de section triangulaire, le carrelet, du côté de la pointe. Il existe également des aiguilles courbes, utilisées quand on n'a accès qu'à un seul côté de la voile. Pour éviter qu'elles ne rouillent et perdent leur poli, les aiguilles doivent être conservées à l'abri de l'air salin, soit en les rangeant dans un étui fermé après les avoir enduites de vaseline puis piquées dans un bouchon, soit en les glissant dans une corne de vache emplie de suif.

Pour enfoncer les aiguilles dans le tissu, on se sert d'une paumelle. Il s'agit d'une bande de cuir entourant le plat de la main, munie côté paume d'une plaque d'acier à la surface grêlée qui permet de pousser l'aiguille sans se blesser.

Outre l'aiguille et la paumelle, d'autres outils pourront également vous servir si vous souhaitez vous lancer dans des travaux de plus grande ampleur : le frottoir, pour marquer les plis à coudre en frottant le tissu ; des poinçons, pointus ou triangulaires, pour percer le tissu quand il est en plusieurs épaisseurs ; un croc, pour maintenir la voile quand on y travaille ; et enfin une matrice et un matoir (à choisir selon la taille de l'ouvrage), pour poser des œilletons métalliques sertis sur une voile.

Les points de couture manuels

Point debout

En fonction du travail à effectuer, on ne se sert pas du même point. Ainsi, pour coudre un bord rabattu sur le tissu ou pour superposer deux bordures, on utilise le point broché. Le point piqué servant à assembler deux épaisseurs de tissu maintenues à plat, le point debout se pratique en bordures de toiles quand celles-ci sont maintenues relevées au lieu d'être présentées à plat. Enfin, on privilégie le point arrière dans la confection de coutures fortement incurvées.

Faire une videlle

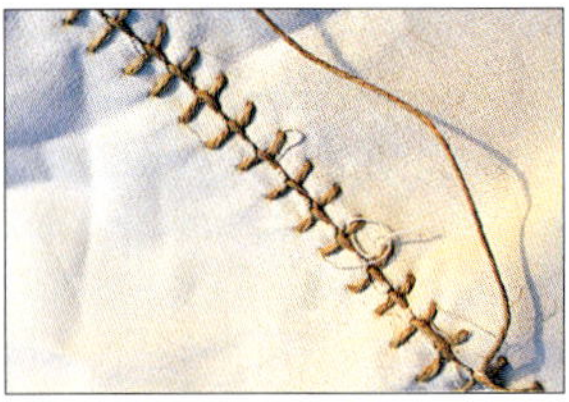

Si les points précédents sont plutôt réservés à des travaux de confection, la videlle, qui sert à assembler bord à bord deux lisières de tissu, est indispensable à connaître puisque c'est elle qu'on utilise lorsqu'une voile se déchire sur quelques centimètres, notamment à l'issue d'un accroc. Pour la réaliser, on utilise un fil en double, arrêté à l'aide d'un nœud ou laissé libre et bridé sous les premiers points de l'ouvrage. Quoi qu'il en soit, on commence par piquer l'aiguille en avant de la déchirure de manière à l'atteindre au bout du deuxième point. Parvenu au début de l'accroc, on utilise alors le point de videlle sur toute la longueur à réparer, ou, si l'épaisseur de tissu est importante, le point de voilier, qui est un point de videlle double. Dans les deux cas, on terminera la couture par deux demi-clefs à capeler. Si la déchirure est à angle droit, on peut effectuer deux coutures indépendantes ou coucher peu à peu les points au niveau de l'angle pour les rendre de nouveau perpendiculaires à la déchirure.

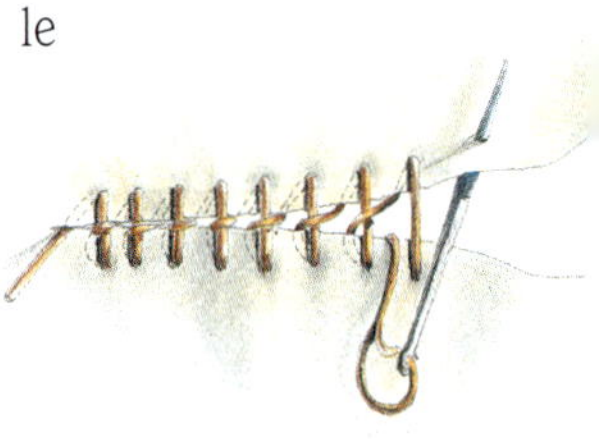

Mettre un doublage

Tout comme on fourre le gréement pour éviter que les voiles ne s'y usent, on peut également protéger les voiles d'éventuels frottements, notamment sur le haubanage, en posant un doublage. Pour cela, on choisit une toile un peu moins forte que le tissu à doubler et on la dispose dans le sens du tissage de ce dernier, chaîne sur chaîne et trame sur trame. Au moment de tracer le

doublage, vous devrez tenir compte des futurs plis qui mangeront un peu de la toile. Il faudra également “donner de l’embu” dans le sens de la gaine – l’ourlet qui renforcera le pourtour de l’ouvrage –, c’est-à-dire donner à la pièce un certain excédent de longueur pour compenser des élasticités différentes. Enfin, pour plus de solidité, et dans la mesure du possible, il est préférable de prolonger le doublage jusqu’aux coutures des laizes voisines.

La pièce coupée et posée, on commence par la coudre à grands points – on dit qu’on la faufile – pour la maintenir provisoirement. Au cours de l’opération, on devra faire " boire le mou " du doublage, c’est-à-dire à chaque point absorber une fraction de l’embu que l’on a prévu au moment du traçage. A ce stade, il ne reste plus qu’à coudre la bordure du doublage à points piqués.

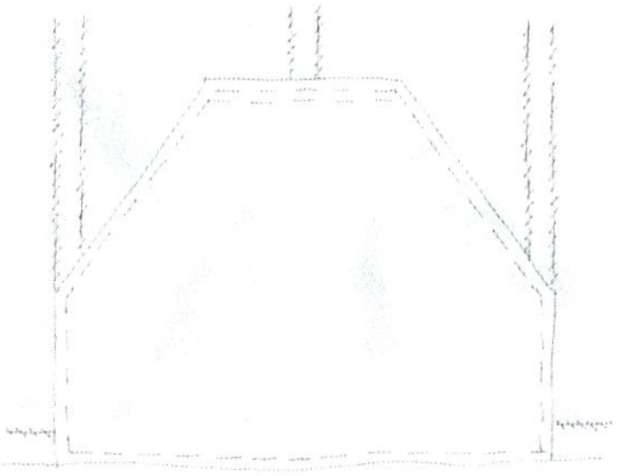

Ces pièces étant destinées à s’user à la place de la voile, on pourra les changer régulièrement pour prolonger la vie du gréement.

Œillets, cosses et pattes

Les œillets sont de petites ouvertures circulaires pratiquées dans une voile pour y faire passer un cordage, notamment les garcettes de ris. Leur réalisation passant par le perçage de la toile, on utilisera pour cette opération un poinçon à carrelet avant d’agrandir le trou à l’aide d’un poinçon ordinaire. Attention, l’ouverture doit être de diamètre moindre que le diamètre intérieur de l’œillet à confectionner. A ce stade, on peut alors réaliser un œil-de-pie, c’est-à-dire une couture circulaire, soit à bague ronde s’il s’agit d’une simple ouverture, soit à bague à queue si l’œil doit forcer dans une direction déterminée.

Quant aux cosses et pattes, elles permettent de fixer les manœuvres sur la voile : drisse, écoutes, palans d’amures, etc.

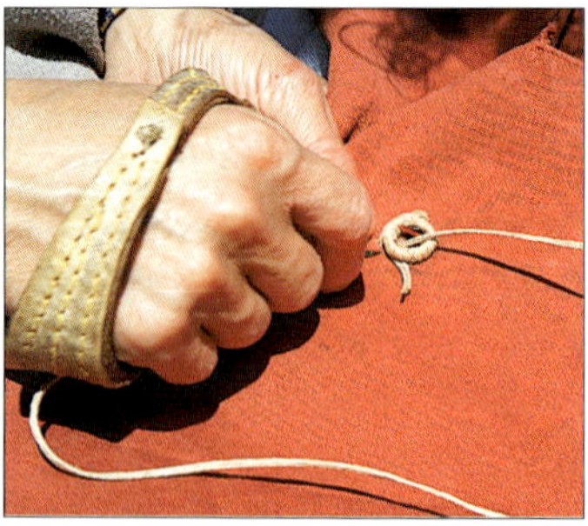

Œil-de-pie à bague ronde

L'œillet percé, l'opération consiste à coudre sur la voile une bague ronde, celle-ci pouvant être soit un anneau métallique, soit un erseau textile. Dans ce cas, il faudra donc réaliser l'erseau en utilisant un toron selon la méthode décrite dans le chapitre " Travaux de confection ".

Pour centrer la bague sur le trou, on introduit par-dessous la toile la pointe d'un épissoir sur laquelle on ajuste l'ouverture faite dans la voile en amenant ses lèvres contre la bague. La couture commence avec du fil à ralinguer en piquant l'aiguille sur le bord extérieur de la bague, et en laissant dépasser trois centimètres de fil que l'on bridera avec les tours suivants. Il reste alors à faire le tour complet de la bague dans le sens des aiguilles d'une montre, en piquant du dessus vers le dessous et en faisant ressortir l'aiguille par le trou de l'œil. Tout au long de l'ouvrage, prenez bien garde que les fils soient jointifs et dirigés suivant le rayon du trou.

Œil-de-pie avec bague à queue

On l'emploie quand un œil-de-pie doit forcer dans une direction déterminée. Il s'agit alors d'utiliser une bague prolongée par une queue tressée. On la confectionne dans un bout de ligne recourbé dans son milieu pour former un œil dont le diamètre sera légèrement inférieur à celui du futur œillet. Chacune des extrémités des brins une fois surliées, on décommet la queue pour ensuite la tresser. Quant sa longueur est suffisante, on capelle sur la tresse un demi-nœud réalisé avec les deux moitiés d'un des torons décommis. Les surliures d'arrêt peuvent alors être supprimées et la bague posée sur le trou, de telle sorte que la queue soit à l'opposé de la traction future.

La méthode pour coudre l'œil est la même que celle employée pour l'œil à bague ronde, en commençant d'un côté de la tresse. Arrivé de l'autre, on fait alors deux tours francs autour de la queue, puis on coud la tresse en piquant au milieu puis par-dessous pour faire ressortir l'aiguille en abord de la queue un centimètre plus bas. Introduire de nouveau l'aiguille dans le trou initial de façon à coudre un point symétrique de l'autre bord. On repique un centimètre plus bas au centre de la tresse et on fait deux points analogues aux précédents. On continue de cette façon jusqu'au bout de la tresse autour de laquelle on fait deux tours francs et une bridure.

Œils à cosse

Un œil épissé aux extrémités de certaines ralingues peut être renforcé par une cosse. En voilerie, on utilise des cosses rondes avec un œil en ligne épissé à la voilière. On entoure le cordage autour de la cosse en le faisant tenir par des surliures puis on réalise l'épissure.

Poser une cosse sur un renfort

Une cosse ne se pose pas de la même façon si elle se trouve dans un angle obtus, sur un bord rectiligne ou dans un angle aigu. Dans les deux premiers cas, la cosse est présentée à la place prévue en prenant soin de laisser la largeur nécessaire à la pose de la ralingue. Après avoir tracé les contours intérieur et extérieur de la cosse, on fend la toile suivant la bissectrice de l'angle – ou à la perpendiculaire si l'angle est plat - jusqu'à mi-distance des deux cercles, puis on coupe en suivant l'ouverture de la cosse.

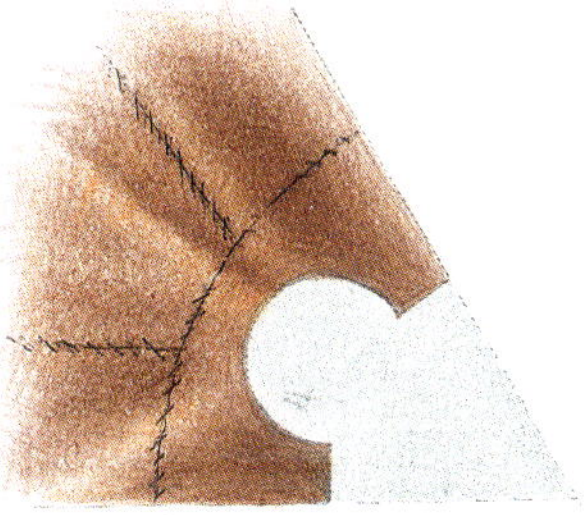

On utilise alors un filin, nommé étrangloir, qui servira à entourer deux fois la cosse, ce qui implique que son diamètre doit être de la moitié du calibre de la cannelure. On le ralingue par son milieu au pourtour de la coupe et on arrête la couture au niveau de la fente. Le filin est ensuite recouvert d'une basane mince, fleur en dehors (la basane est une peau de mouton, la fleur étant sa partie lisse), cousue de part et d'autre de la bordure par un rang de points piqués.

La cosse insérée dans son emplacement, on décommet les deux extrémités de l'étrangloir pour encastrer leurs torons comme pour un début d'épissure, avant de faire deux tours d'amarrage à la jonction sans les serrer pour pouvoir ensuite souquer énergiquement les torons de manière à étrangler la cosse. Cette fois-ci, on peut souquer l'amarrage puis recoudre la fente au point de voilier. Les deux bouts recordés, on entoure une nouvelle fois la cosse jusqu'à ce que les deux filins se rejoignent du côté où va s'exercer la traction principale. Comme précédemment, un nouvel amarrage, lâche, enserre cette jonction, puis on étrangle à nouveau la cosse avec les deux bouts avant de souquer l'amarrage. Les deux bouts sont alors décommis pour être assemblés par une tresse de garcette qui sera cousue à la voile comme une bague

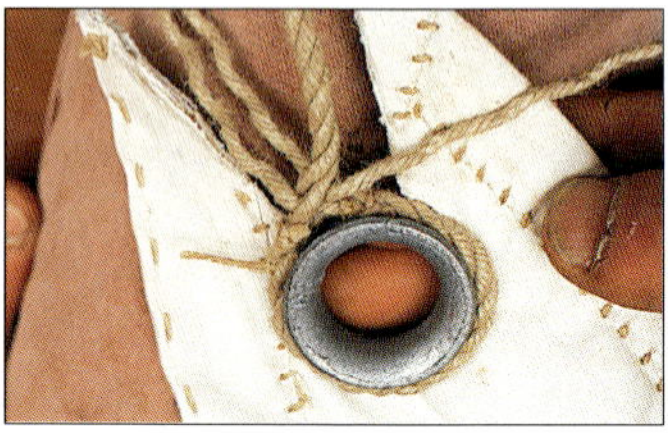

à queue. Après ralingage, l'extrémité des torons est passée sous deux puis un toron de la ralingue.

Si l'angle est trop aigu, on découpe l'emplacement de la cosse en supprimant la pointe de la voile. On procède alors comme précédemment jusqu'au deuxième tour de l'étrangloir où il ne faudra plus faire une mais deux tresses que l'on dirigera ensuite vers les côtés de l'angle et symétriquement par rapport à la bissectrice de celui-ci.

Pattes à cosse

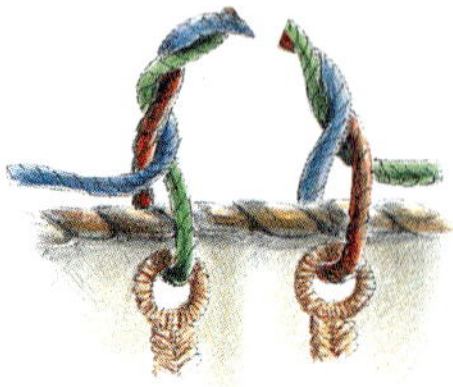

Une patte à cosse est un filin recordé, passant dans deux œillets posés dans une voile, et estropant une cosse contre une ralingue. Les œillets doivent être percés très près de la ralingue et avoir un écartement correspondant au diamètre intérieur de la cosse.

La patte est confectionnée en utilisant un toron prélevé sur un cordage en quatre d'une grosseur adaptée à la cannelure de la cosse. Ce toron doit faire quatre fois et demie la longueur de la patte. On l'introduit dans l'œillet de gauche, de l'extérieur vers soi, de façon à avoir un brin d'une longueur correspondant à la moitié du brin laissé de l'autre côté. On va alors recorder le brin long autour du brin court, en l'entourant trois fois avant de faire pénétrer le brin long dans l'œillet de droite de l'avant vers l'extérieur. La cosse mise en place, on pose un repère sur le brin au niveau de l'œillet puis on retire la cosse avant de remettre le brin à son repère. On recorde de nouveau autour de l'anse avant de glisser le brin dans l'œillet de gauche de l'extérieur vers soi et on corde le quatrième tour jusqu'à la moitié de l'anse. Il est alors temps de passer le second brin de l'avant vers l'extérieur pour le recorder jusqu'à ce qu'il rejoigne le premier brin. On les croise et on fait un demi-nœud. Il reste alors à élargir la patte à l'aide d'un burin pour pouvoir y faire entrer la cosse, au besoin en s'aidant d'un maillet, avant de souquer l'excédent des brins et les couper au ras.

Pattes greffées

Si on ne souhaite pas poser d'œillets sur la voile pour pouvoir gréer une patte à cosse, on peut tout à fait estroper directement la cosse sur la ralingue. Il suffit alors d'introduire le filin sous deux torons de la ralingue au lieu de le passer dans des œillets.

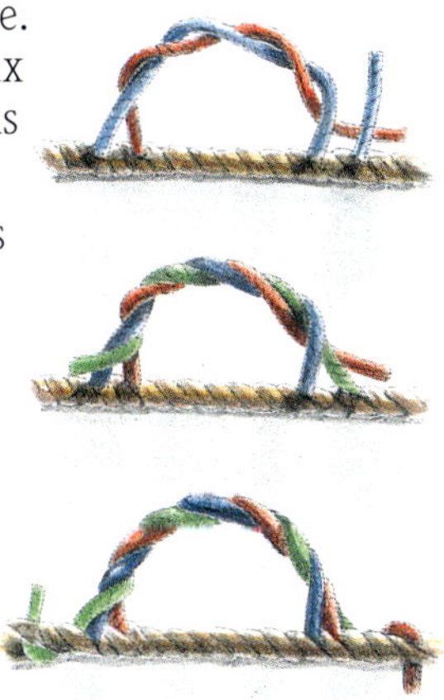

Par ailleurs, si la patte est utilisée sans cosse, elle peut être cordée en trois. Ainsi, sur un cordage en trois, on prélève un toron d'une longueur équivalente à trois fois et demie la longueur de la patte. Le filin passé sous deux torons de la ralingue, le brin que l'on a de son côté doit avoir la moitié de la longueur de l'autre. On corde le brin long sur le court et on le fait passer sous deux torons sur la droite à la distance désirée. On

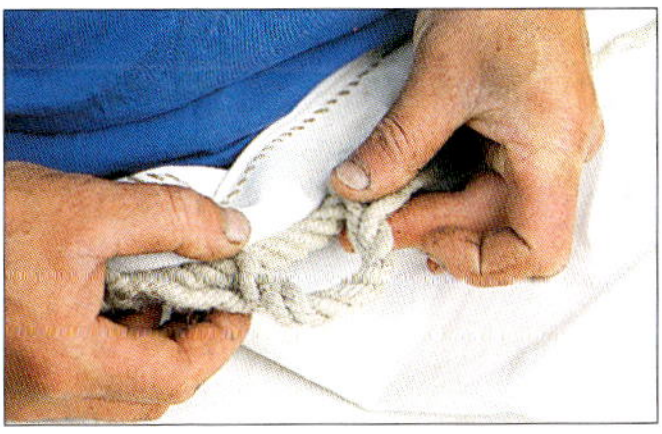

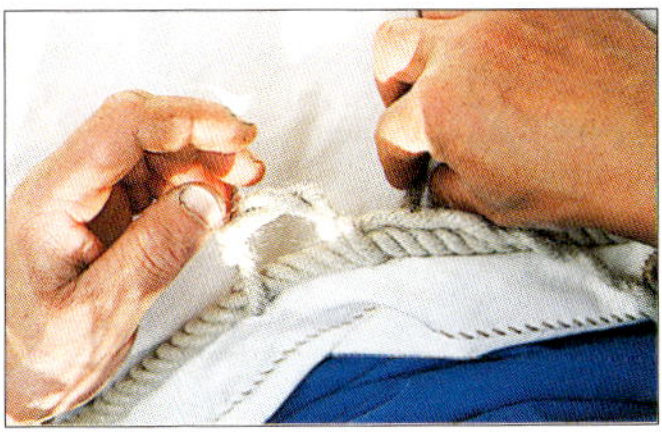

fait une troisième passe vers la gauche avant d'arrêter le tout en introduisant chaque brin sous les deux torons qu'on a soulevés pour faire la patte. On les repasse alors sous les deux torons suivants à contre-commettage, puis sous un seul dans le sens du commettage.

Garnitures cousues

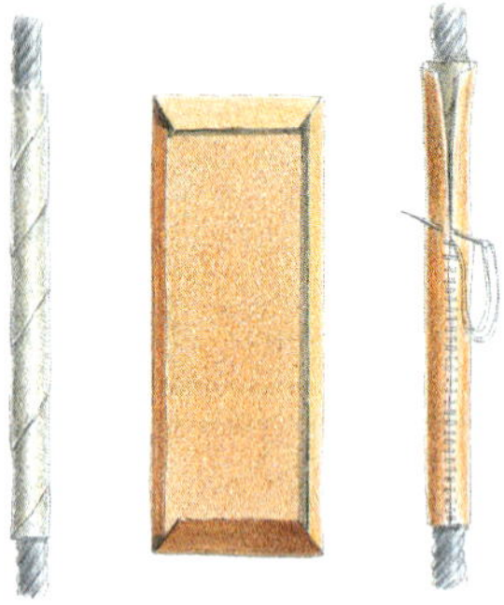

Ce sont des protections en toile ou en basane que l'on pose sur des cordages ou des espars. Avant toute pose de garniture, si on la réalise en cuir, il faudra toutefois veiller à ramollir la peau par trempage à l'eau chaude pour pouvoir ensuite la travailler comme de la toile. Par ailleurs, la zone à protéger devra être limandée, comme décrit dans le chapitre Fourrures et ligatures.

On peut alors découper la garniture aux bonnes dimensions en ajoutant six centimètres dans le sens de la longueur et un centimètre cinq dans la largeur. La moitié de ces excédents rabattus – pour du cuir, la face rugueuse (la croûte) devra être en dedans –, on frotte les plis pour qu'ils restent bien en place. On pose la garniture sur la limande, plis en dedans, de sorte que les deux bords à coudre se trouvent du côté opposé aux frottements. Il reste alors à rapprocher les bordures au point de videlle, en traversant la limande pour bien assujettir l'ensemble.

Si on souhaite garnir un œil, le cuir ou la toile devront être suffisamment longs pour que leur base soit prise sous la fourrure. Dans ces conditions, le seul rabattement devra être dans la longueur de la pièce, et seule la partie située à l'intérieur de l'œil sera cousue. Cela permettra de retrousser les deux extrémités de la garniture pour pouvoir réaliser l'épissure. Celle-ci terminée, on la recouvre avec la pièce dont on assemble les bords au point de videlle, avant de recouvrir l'ensemble avec une fourrure.

Faire un sac à voile

La confection d'un sac à voile sera un très bon exercice pour s'entraîner aux travaux de voilerie. Pour commencer, on découpe dans la toile un cercle de la dimension voulue pour le fond, en prenant soin d'ajouter un centimètre au rayon pour pouvoir coudre le rabat. Sur ce cercle on coud un rectangle qui formera le

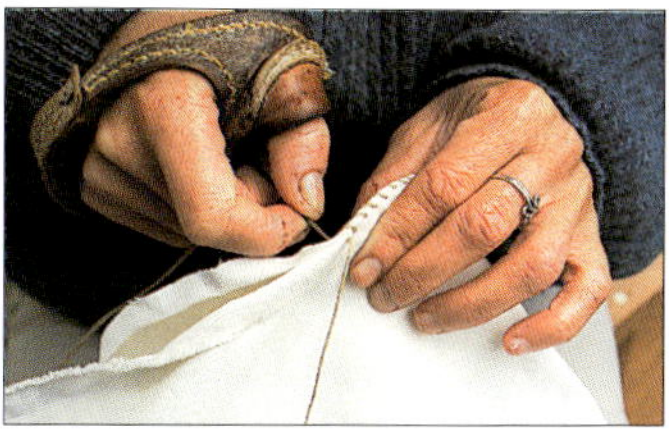

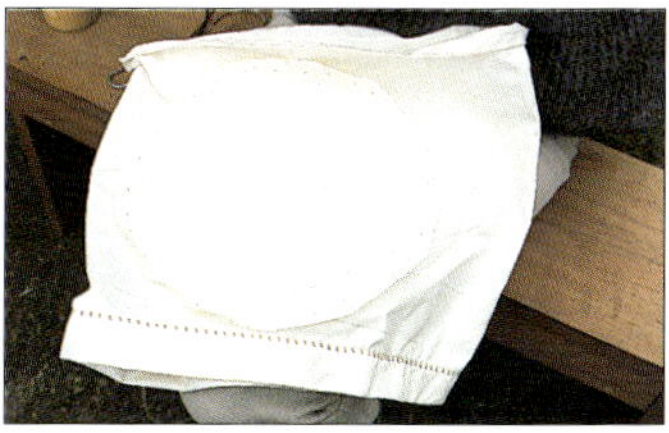

corps du sac. Sa longueur sera égale à la circonférence du fond plus quatre centimètres pour la couture, et sa largeur sera égale à la hauteur du sac augmentée du tissu nécessaire pour faire une gaine de cinq à six centimètres sur le bord supérieur et un pli de coupe de un centimètre sur le bord inférieur.

On confectionne la gaine, puis on frotte les plis de coupe du fond et du corps du sac avant de les réunir par leurs envers au moyen d'une couture ronde. On peut alors replier sur les bords du cylindre la moitié de la longueur laissée en excédent, avant de la coudre au point debout, la couture s'arrêtant au niveau de la gaine. Pour fermer le sac, une petite ligne sera introduite dans la gaine ou passée dans des œilletons sertis sur celle-ci. Enfin, on pourra ajouter une poignée en toile sur le fond et une autre sur le côté… avant de peindre sur le sac les motifs les plus divers !

PÊCHE & MATELOTAGE

Gréer une drague ou ramender un filet en utilisant une navette sont autant de savoir-faire que les marins pêcheurs ont hérité de leurs ancêtres, avant que les écoles maritimes ne se chargent de transmettre ces techniques au même titre que la mécanique ou la navigation. Loin de n'être réservé qu'au seul usage des professionnels, ce matelotage pourra vous être très utile pour gréer une belle

palangre ou une ligne de traîne, voire tout simplement préparer une canne. Si ces nœuds sont indispensables aux pêcheurs avertis, en mer ou en rivière, les plaisanciers quant à eux découvriront rapidement le plaisir d'allier une balade à la traque du poisson. Et quel bonheur que de sortir un maquereau argenté des flots bleus ; quelle fierté que de débarquer sa propre godaille.

L'enseignement professionnel

Dans les lycées et les écoles maritimes, les futurs marins acquièrent de solides notions de matelotage en même temps qu'ils apprennent la mécanique, l'électronique et l'hydraulique. En fonction de leur métier, ils devront en effet savoir épisser des câbles, ramender un filet, amarrer un bateau, etc. Les techniques spécifiques à la voile ayant peu à peu disparu de l'enseignement professionnel, elles sont aujourd'hui remises au goût du jour grâce aux nouveaux métiers de la plaisance, notamment par le biais du brevet de patron de plaisance voile (BPPV), ou encore à travers l'activité des préparateurs de voiliers de course.

Le programme de formation au matelotage comprend toute une série de nœuds, comme les nœuds d'amarrage ou les nœuds d'arrêt que nous avons eu l'occasion de passer en revue dans le troisième chapitre, ou encore la pomme de touline. Qualifiés d'exotiques, certains nœuds sont toujours inscrits au programme bien qu'ils ne servent plus sur les bateaux de pêche, comme le nœud de jambe de chien, le nœud d'agui, ou encore les nœuds pour élinguer, nœud de croc, de griffe, de gueule de loup, de gueule de raie... Les occasions de s'en servir sont en effet devenues fort rares, tout comme les palans et les cartahus ont disparu au profit de systèmes hydrauliques.

En revanche, les élèves continuent d'apprendre les épissures, notamment sur câbles d'acier, ces savoir-faire étant utilisés en permanence, principalement sur les chalutiers. Ici, on épisse les œils des funes à la voilière, avec du câble d'acier "cordon rouge" à six torons. Et le travail ne manque pas à bord, notamment sur les navires hauturiers qui traînent près de 3000 mètres de funes. En usure permanente sur le fond, celles-ci doivent être régulièrement changées, ce qui implique de rabouter les câbles, étant donné qu'une glène contient seulement 400 mètres de filin.

Quant aux surliures, les élèves doivent aussi les connaître, même si elles sont aujourd'hui délaissées du fait de l'usage quasi exclusif de cordages en synthétique qui peuvent être soudés à chaud. Par ailleurs, si une soudure vient à lâcher, le marin préférera souvent utiliser de l'adhésif pour empêcher le bout de se décommettre plutôt que de recourir à la surliure, plus longue à réaliser.

Les filets

Le chalut

Il s'agit d'un vaste piège remorqué sur le fond ou entre deux eaux à l'aide de funes. Selon les espèces ciblées, on utilise différents types de chaluts, chalut de fond, chalut pélagique, chalut à quatre faces, Naberan, etc. Leur montage étant effectué par des maisons spécialisées ou des coopératives, les marins ne s'occupent que de les réparer ou de les entretenir, à bord ou à quai.

Le chalut est un engin complexe formé de différentes nappes de filets fabriquées à la machine, en polyamide ou en polypropylène (cristal) et reliées entre elles par des ralingues. Les funes sont amarrées à des panneaux divergents qui provoquent l'ouverture du chalut. La corde de dos et ses flotteurs maintiennent le dos du chalut en hauteur tandis que le bourrelet, lesté par des chaînes, fait couler le ventre. La "toile" – le filet – est amarrée à la corde de dos via la monture, soit directement par des demi-clés à capeler, soit par l'intermédiaire des "bobinettes", boucles en filin qui donnent un amarrage plus souple. Dans ce cas, les mailles du filet sont amarrées par des nœuds d'écoute à la monture ou aux bobinettes. Quant au montage des différents éléments entre eux, il se fait par des nœuds et des épissures. Ainsi, les extrémités des cordes de dos et des bourrelets sont raccordées aux funes par des œils épissés et de grosses manilles, même si, de nos jours, on remplace de plus en plus ces techniques par de simples manchons sertis.

Le cul du chalut est traditionnellement fermé par un nœud de raban de cul. Même si on l'utilise toujours pour les engins travaillant sur fonds durs ou pour la pêche de certaines espèces comme les céphalopodes ou les morues, on l'a aujourd'hui remplacé par le système du manchon conique pour les chaluts utilisés sur les fonds plats et mous. Simple et rapide, cette technique consiste à passer les deux rabans dans un manchon conique en métal avant de les y bloquer à l'aide d'un coin enfoncé au marteau. Quand le chalut rempli arrive sur le pont, il suffit d'enlever le coin pour ouvrir le cul.

Le filet

De nos jours, les filets maillants et les trémails sont constitués de nappes de filets en nylon très fin achetées dans le commerce. Pour les monter, on passe dans les mailles du bord de la nappe un filin, l'*arcassin*, qui sera cousu à intervalles réguliers sur la ralingue. Avec une machine à coudre, on peut ainsi monter 400 mètres par jour, alors qu'à l'époque où les filets étaient travaillés à la main il fallait deux jours pour en gréer 100 mètres à l'aide de demi-clés à capeler. Aujourd'hui, une fois le filet usé – pour exemple, un filet à sole ne sert qu'une seule saison, soit six mois –, le pêcheur récupère les ralingues pour monter un nouveau filet.

Malgré la prédominance de ces techniques modernes chez les pêcheurs professionnels, il est intéressant de savoir comment un filet est réalisé, notamment parce que les plaisanciers en utilisent toujours des modèles traditionnels, et devront donc savoir réparer leur matériel.

Un savoir-faire d'autant plus simple à mémoriser qu'il ne comporte que deux types de nœuds : le nœud de ralingue et le nœud de maille.

La monture, un filin qui traverse chaque maille en bordure du filet, est raccordée à la ralingue par des demi-clés à capeler, qui prennent alors le nom de nœud de ralingue. La ralingue de la

partie supérieure porte les "flottes" et celle de la partie inférieure porte les plombs. L'écartement entre chaque nœud correspondra à une diagonale de carré si les mailles sont carrées, ou une petite diagonale de losange si les mailles sont en losange. Enfin, le mou du cordage laissé entre chaque nœud de ralingue sera égal à deux côtés de carré pour les mailles carrées, et deux côtés de losange pour les mailles en losange.

Quand le filet est déchiré, on le ramende en nouant un filin aux morceaux restants par des nœuds d'écoute simples ou doubles. Ce nœud classique prend alors le nom de "nœud de maille". Pour faciliter l'opération, le filin est enroulé en double dans une navette ou aiguille. Le ramendeur procède horizontalement, par étages successifs. La seule difficulté réside dans le mou qu'on doit laisser entre chaque nœud d'écoute. Aussi, pour que la taille des mailles soit bien régulière, il faut prévoir un petit gabarit en bois, le "moule", à présenter dans chaque maille au fur et à mesure de la réparation, avant de souquer le nœud d'écoute dans sa position définitive. Enfin, si la déchirure est trop grande, le plus simple consiste à boucher le trou en y rapportant un morceau de filet.

Les lignes

La ligne est une technique de pêche très répandue qui va du simple bâton avec un fil et un hameçon jusqu'aux palangres automatiques les plus sophistiquées. Les nœuds pour amarrer un hameçon, deux fils entre eux, ou un fil à un émerillon, sont nombreux, et les plus simples sont souvent les plus efficaces. Reste qu'un bon entraînement sera de mise avant de passer à l'action… histoire de ne pas perdre de matériel à cause d'un mauvais nœud !

Amarrer un hameçon à œil

Le nœud le plus simple consiste à introduire le fil dans l'œil de l'hameçon, avant de faire un nœud simple d'arrêt puis une demi-clé autour de la hampe. En serrant, le nœud d'arrêt empêchera le fil de glisser.

On peut aussi, après avoir introduit le fil dans l'œil, enrouler plusieurs fois le courant en montant autour du dormant, puis faire revenir le courant dans l'œil formé par la première boucle pour finir en serrant.

Une autre possibilité consistant à effectuer un nœud en huit après le passage dans l'œil, on peut également utiliser le nœud de plein poing. Cette technique revient à passer le fil en double dans l'œil pour réaliser un demi-nœud sur le dormant, la ganse, laissée suffisamment longue, venant coiffer l'hameçon.

Sur le principe d'un nœud de plein poing

Simple et solide, le **nœud d'œil de pêcheur** est bien connu malgré son important volume qui occasionne quelques remous inutiles lors du lancer. Une fois réalisé un premier demi-nœud, laissé lâche, on passe le courant dans

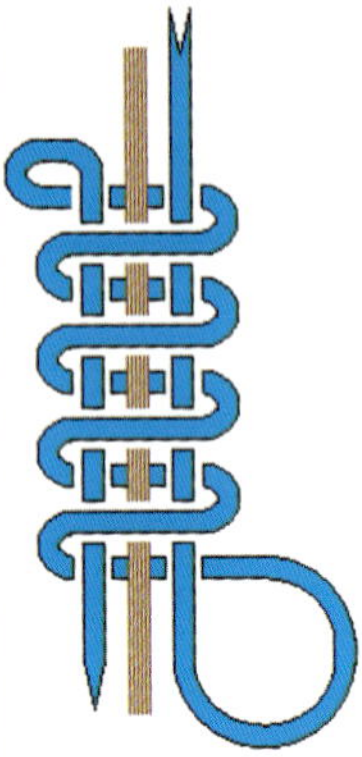

l'œil de l'hameçon puis à l'intérieur du demi-nœud. Au-dessus, on réalise un second demi-nœud avec le courant qui serre à son tour le dormant. Il reste alors à souquer l'ensemble après avoir pris soin de laisser la ganse de l'hameçon suffisamment lâche pour que le leurre conserve sa mobilité.

La **boucle d'assemblage** est un très bon nœud de bas de ligne, à condition qu'il soit très serré. Pour plus de sécurité, on pourra éventuellement le renforcer à l'aide d'un ruban adhésif.

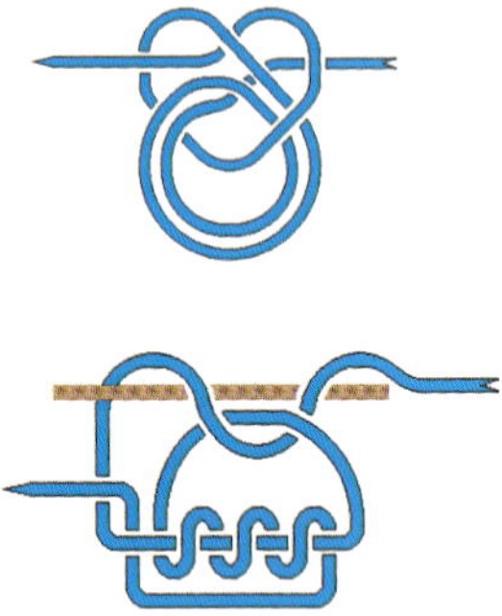

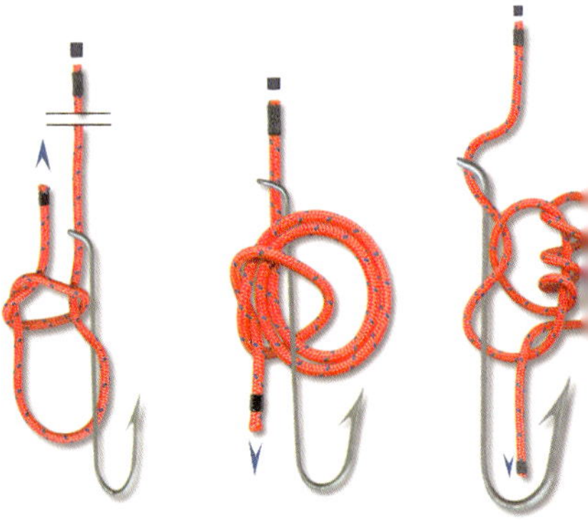

Baptisé du nom de son découvreur, le major britannique Turle de Newton, le **nœud de Turle** est à la base un nœud de bec d'oiseau utilisé pour la pêche sur hameçon à œil légèrement recourbé. Renforcé quand on le réalise en double, il est encore plus fiable dans sa version améliorée, notamment sur nylon.

Voisine du nœud plat, la **boucle emboîtée en capucin** est un moyen simple et efficace d'amarrer un hameçon sur un fil, même si elle a l'inconvénient d'être un peu volumineuse. Pour lui éviter de partir en nœud d'alouette, ce qui diminuerait sa solidité, ce nœud doit être progressivement serré et mis en forme.

Si on souhaite réaliser un nœud au milieu d'un fil, on utilise la **boucle coincée en capucin**. Sur une ligne, c'est la façon la plus sûre

de monter un pater noster, système rigide à plusieurs hameçons étagés, utilisé notamment dans certaines techniques de pêche à la mouche. Pour réaliser cette boucle, il suffit de confectionner un nœud triple et de passer la ganse en son milieu.

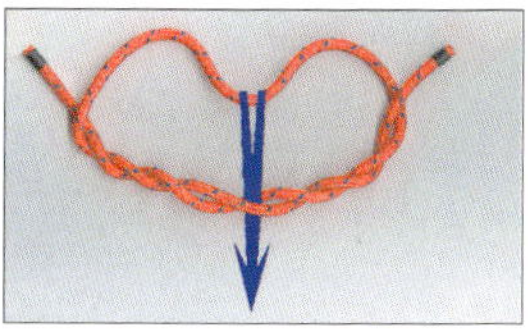

Amarrer un hameçon à palette

La technique la plus simple consiste à former une boucle de telle manière que le courant soit orienté vers le crochet de l'hameçon. En maintenant le courant contre la hampe, on tourne la boucle autour de cette dernière et des deux brins du fil. Au bout d'environ deux centimètres d'enroulement, coiffer l'extrémité de la hampe avec la boucle, tirer sur le courant pour la fermer, et finir en souquant les deux extrémités. Ce nœud, appelé aussi nœud de mitraillette, peut également servir à relier un bas de ligne à une ligne plus épaisse.

Une autre méthode consiste à utiliser le **nœud de franciscain**, que l'on obtient en passant le courant trois fois – ou plus – à travers la boucle d'un demi-nœud. Utilisé à l'origine par les moines

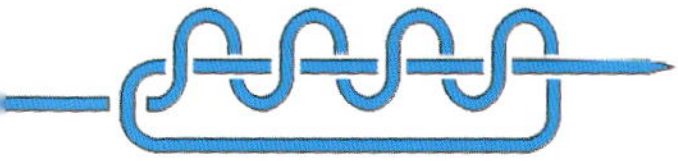

franciscains qui s'en servaient sur la ceinture de leur robe de bure – en référence aux trois vœux qu'ils prononçaient à leur entrée en religion –, ce nœud peut être également utilisé comme nœud d'arrêt.

Raccorder deux lignes

Bien que la méthode de l'hameçon à palette décrite ci-dessus puisse servir, il est préférable d'utiliser ici le **nœud de pêcheur**. Les deux cordages posés l'un à côté de l'autre, réaliser dans chacun un nœud simple qui entourera le dormant de l'autre avant de serrer l'ensemble. Très résistant s'il est bien souqué, le nœud de pêcheur ne glisse pas et possède l'étonnante propriété d'être proportionnellement plus solide sur de très petits diamètres que sur des gros, ce qui n'empêche pas de veiller lors de sa réalisation à conserver une bonne longueur de courant de chaque côté. Seul inconvénient, ce nœud est quasiment impossible à défaire !

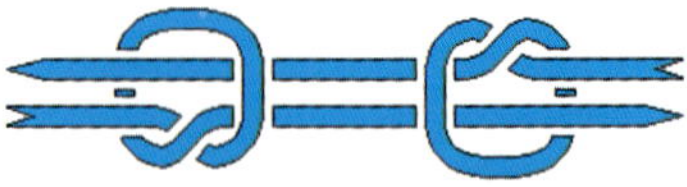

Même si le nœud de pêcheur simple peut être réalisé sur tout type de cordage, il est plus sage de le doubler – voire de le tripler – pour augmenter la sécurité du montage lorsque les brins sont lisses, comme pour du nylon par exemple. Pour cela, il suffit de rajouter autant de nœuds simples que l'on en souhaite. A noter enfin que ce nœud est l'un des plus anciens que l'on connaisse. Utilisé par les Grecs, il a souvent porté des noms divers au cours des siècles, tels que nœud anglais, joint anglais, nœud de joint, nœud à guillotine.

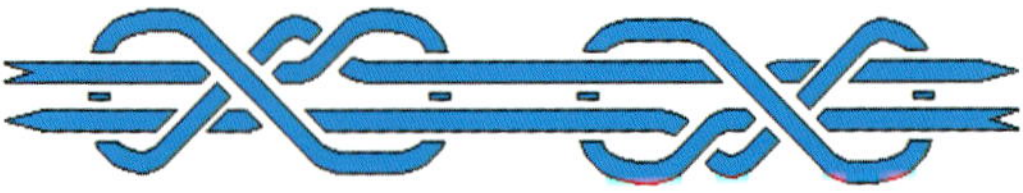

TRAVAUX COURANTS SUR LE PONT

De retour au port, l'équipage de ce caboteur norvégien s'affaire autour des dernières manœuvres avant de quitter le bord. Un palan bloqué provisoirement sur lui-même, une poulie a été fouettée pour peser sur un cordage tandis qu'au râtelier de pied de mât, où sont

cueillies différentes glènes, un matelot étarque la drisse de pic pour mettre claire la grand voile tout juste ferlée. Enfin, un marin a dû bosser une aussière sous tension pour dégager un taquet. Ainsi, du bon amarrage du bateau aux ultimes mises en ordre du gréement, une multitude de savoir-faire sont utiles pour la sécurité du bateau. Voilà autant de détails qui éviteront toute mauvaise surprise une fois revenu le temps de l'appareillage.

Au-delà des connaissances communément admises sous l'appellation matelotage – nœuds, épissures, surliures, fourrures, etc. – tout marin se doit également de maîtriser bon nombre de techniques diverses, tout aussi importantes

pour la sécurité et la bonne marche d'un bateau. Ce sont quelques-unes de ces notions que nous vous détaillons dans les pages qui suivent, du bon amarrage sur ponton à l'art de cueillir une manœuvre pour éviter qu'elle ne s'emmêle, en passant par la réalisation d'un corps-mort.

Amarrage à quai et sur ponton

Protéger la coque

Le poste d'amarrage repéré, il est temps de choisir quel côté de la coque vous allez mettre à quai, la logique voulant qu'on place l'étrave face au vent ou au courant dominant. La décision prise, on installe les défenses pour protéger les œuvres mortes côté quai, en les tournant sur un taquet ou en les amarrant à un chandelier, une filière ou éventuellement au rail de fargue grâce à deux demi-clefs à capeler ou un tour mort et deux demi-clefs. Pour éviter que les pare-battage marquent la coque, notamment si le quai est sale, il sera judicieux d'avoir toujours à bord un morceau de toile que l'on suspendra le long de la muraille. Enfin, prenez garde à ce que le bout des défenses ne frotte contre aucune partie du bateau, un filin ayant vite fait de cisailler le bois ou le plastique.

Un bateau à quai étant susceptible de ne pas rester toujours bien en ligne, notamment à marée haute s'il y a du vent, il conviendra de disposer les défenses tout au long de la coque et pas seulement au milieu. Si le poste d'amarrage est une estacade, vous devrez suspendre depuis votre bord un madrier qui viendra s'appuyer sur l'extérieur de toutes vos défenses. Enfin, ultime précaution, n'hésitez pas à installer des pare-battage sur l'autre bord, au cas où quelqu'un vienne se mettre à couple. Tous les plaisanciers ne seront sans doute pas aussi précautionneux que vous !

S'amarrer à quai

La coque défendue, les aussières qui serviront à l'amarrage doivent être préparées avant la manœuvre d'accostage, soigneusement lovées avec une de leur extrémité tournée sur un taquet ou une bitte.

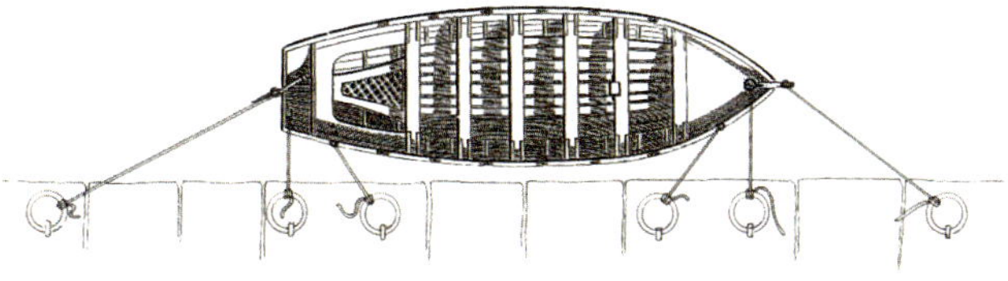

Pour faire face à toutes les actions développées par le vent et le courant, un bon amarrage à quai doit comporter deux amarres en pointe, deux gardes montantes et, éventuellement, deux traversiers. Les amarres en pointe sont capelées loin en avant et en arrière du bateau. Elles l'empêchent de reculer ou d'avancer, comme les deux gardes montantes. Celles-ci doivent être tournées sur le quai de manière à ce qu'elles se croisent vers le milieu de la

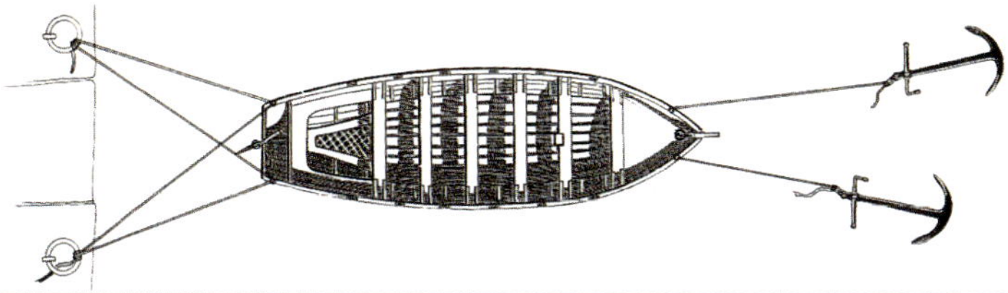

coque. Bien réglées, elles vont empêcher le bateau de se mettre en travers. Enfin, les traversiers, capelés à la perpendiculaire de l'étrave et de la poupe, empêchent le bateau de s'écarter du quai.

Bien entendu, et à moins que vous ne naviguiez en Méditerranée ou sur un plan d'eau fermé, un amarrage à quai doit tenir compte du marnage si vous ne souhaitez pas retrouver votre bateau suspendu dans le vide. Il faudra donc tenir compte de la hauteur d'eau au moment de régler la longueur des différentes aussières.

Sur un quai, vous trouverez la plupart du temps deux types de points d'amarrage : bollard ou anneau. Sur un bollard, soit on capelle l'œil de l'aussière si celle-ci en est munie, soit on la tourne avec un nœud de chaise ou à l'aide d'un tour mort et deux demi-clefs. Le bollard pouvant être déjà encombré des aussières d'autres bateaux, la pratique – mais aussi un savoir-vivre élémentaire – voudra qu'on passe l'œil ou l'extrémité du cordage en dessous et à l'intérieur des œils déjà capelés. De cette façon, chaque amarre reste indépendante et peut se larguer sans qu'il soit nécessaire d'enlever les autres.

Sur un anneau, on frappe une amarre à l'aide d'un tour mort et deux demi-clefs, d'un tour mort et un nœud de chaise, ou de deux demi-clefs à capeler à condition de faire un tour mort entre les deux. Cette précaution permettra d'empêcher le nœud de se souquer ; il restera facile à larguer.

Enfin, il peut arriver qu'on ne dispose ni d'un bollard ni d'un anneau, mais tout simplement des barreaux d'une échelle. Dans ce cas, l'amarre se tournera comme sur un anneau, avec une seule précaution : que le nœud ne se trouve pas à trois mètres sous l'eau quand le temps est venu d'appareiller. Dans ce cas, on pourra exceptionnellement passer les amarres en double, cette méthode ne devant normalement être réservée qu'aux aussières tournées en prévision d'un appareillage imminent.

Amarrage sur ponton

A la différence de l'amarrage le long d'un quai, un amarrage sur ponton offre l'avantage de ne pas avoir à prendre en compte la marée. Si le ponton est rectiligne, on positionne les aussières

comme sur un quai, soit deux pointes, deux gardes et éventuellement deux traversiers. Reste que la plupart du temps les pontons sont munis de catways, écartés d'une longueur suffisante pour pouvoir "garer" deux bateaux. Si, comme souvent en Atlantique, on accoste l'étrave en avant, il faudra installer deux pointes avant pour ne pas que le bateau recule et se déplace latéralement, une garde montante avant pour ne pas qu'il avance et cogne dans le ponton et une pointe arrière "en belle" capelée à l'extrémité du catway, la longueur de celui-ci étant souvent inférieure à celle du bateau.

Si on se range en arrière, l'amarrage est identique avec deux pointes arrière, une garde montante arrière et une pointe avant en belle. Enfin, il peut arriver que les pontons soient démunis de catway et qu'il faille tout de même s'amarrer cul ou étrave au ponton – ce qui d'ailleurs peut également arriver le long d'un quai. On pratique alors l'amarrage en tableau, avec une des extrémités du bateau maintenue sur un coffre ou sur une voire deux ancres, tandis que l'autre est amarrée au ponton par une pointe de chaque bord et deux amarres travaillant en diagonales.

La plupart du temps les pontons et les catways sont équipés de taquets métalliques. Si le bateau doit rester longtemps à son poste, on peut tout à fait envisager d'épisser ses aussières à la bonne longueur, ce qui permettra à chaque fois que l'on rentre au port de n'avoir qu'à poser les œils sur les taquets du bateau. Dans tous les cas, il est judicieux de garnir les points de frottement, au niveau des chaumards par exemple, avec un bout de tuyau plastique, du chiffon, ou mieux encore en les fourrant. On assurera ainsi une vie plus longue à ses amarres.

Les gestes courants

Confectionner et utiliser une touline

Qu'on se le dise, la réalisation d'un porte-clés n'est pas le seul usage d'une pomme de touline ! Depuis son invention, cet ouvrage de matelotage sert à alourdir l'extrémité d'un petit filin, la touline, pour pouvoir lancer celui-ci le plus loin possible. Reliée à une aussière, la touline permet ainsi d'amener à terre un lourd cordage qu'il aurait été impossible de lancer.

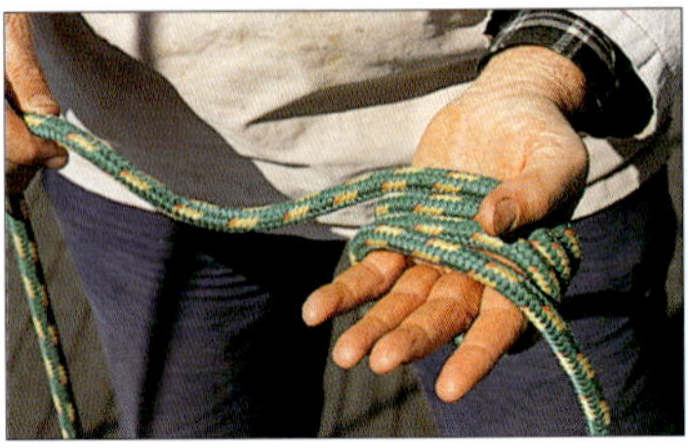

Pour réaliser une pomme de touline, on commence par faire trois boucles verticales pas trop serrées, puis trois boucles horizontales posées sur les trois premières et laissées également lâches. A ce stade, on introduit au milieu de l'ouvrage un chiffon – tout objet lourd est à proscrire pour que la pomme flotte –, avant d'effectuer les trois derniers tours qui devront recouvrir les trois seconds en passant sous les trois premiers. Il reste alors à serrer progressivement l'ouvrage, brin par brin, en progressant de manière à récupérer de la longueur sur le dormant. Bien entendu, si on souhaite obtenir une pomme plus grosse, on peut augmenter le nombre de passages.

Lancer un cordage

Sur les petites embarcations, étant donné le faible poids des aussières, il n'est pas nécessaire d'utiliser une touline pour envoyer une amarre à quai. Une extrémité du bout tournée à bord, on love le cordage en laissant environ deux mètres entre le point de capelage et la glène. Pour lancer l'aussière, on saisit d'une main la partie laissée libre, et de l'autre la glène qu'on lance en direction du quai.

Lorsque l'aussière est trop lourde, notamment sur les grosses unités, une touline peut s'avérer très pratique. Ce filin étant très léger, on le reliera à la pomme du même nom pour pouvoir le lancer sur une longue distance, son autre extrémité étant nouée à l'aussière. La touline répartie en deux glènes, on en prend une dans chaque main en laissant pendre la pomme d'un mètre environ. On imprime alors à la pomme un mouvement vif vers l'avant, avant de lâcher sa partie de glène au moment où elle franchit l'horizontale. Quant à la seconde glène, on la lâche plet par plet. La pomme arrivée sur le quai, un marin déjà à terre la saisira pour haler l'aussière.

Raidir une manœuvre à bras

Cette méthode est utilisée quand on ne dispose pas de winch pour étarquer une manœuvre. Dans le cas d'une drisse, un équipier hisse à la volée avant de passer le cordage sous le taquet ou le cabillot sur lequel on doit la tourner. Tenant le courant d'une main, il exerce sur le dormant une traction perpendiculaire à celui-ci, avant de rendre en direction du point fixe le mou obtenu qu'il embraque à mesure de l'autre main. Cette technique peut également se pratiquer à deux, un équipier se chargeant du dormant et le second du courant. On peut ainsi raidir à bras tout type de manœuvre, de l'écoute au palan.

Garnir un cordage au cabestan

On garnit un cordage autour d'un cabestan ou d'un winch de bas en haut, en faisant plusieurs tours morts en fonction de la grosseur du cordage et de la force de traction à exercer. Quant au sens de l'enroulement, il dépend bien entendu du sens de rotation de la pièce d'accastillage, celle-ci tournant en règle général dans le sens des aiguilles d'une montre. Si les tours mordent sur eux-mêmes lors de l'enroulement, on pourra libérer le cordage en le bossant, comme indiqué ci-dessous.

Bosser une manœuvre

Quand deux bouts sont capelés sur un même taquet et qu'on souhaite libérer celui du dessous sans perdre la tension de celui du dessus, on doit bosser ce dernier. Parmi les différentes méthodes possibles, la plus efficace et la plus rapide semble être celle décrite par Eric Tabarly dans son *Guide pratique de la manœuvre*. Dans un premier temps, on amarre une extrémité de la bosse sur un point fixe avant de l'enrouler autour du cordage sous tension en effectuant trois tours morts vers le point d'amurage de ce cordage. On revient alors en arrière en enroulant la bosse en spirale dans le sens contraire des tours morts, avant de terminer par deux demi-clefs à capeler. La bosse saisie, on peut choquer lentement la manœuvre jusqu'à mettre la bosse en tension et ainsi libérer le taquet.

Pour travailler en toute sécurité, on devra prendre garde à ce que le point d'amarrage de la bosse soit aussi solide que le taquet à libérer, et que la bosse elle-même ait une résistance équivalente à celle du cordage qu'elle doit maintenir sous tension.

Tourner une manœuvre

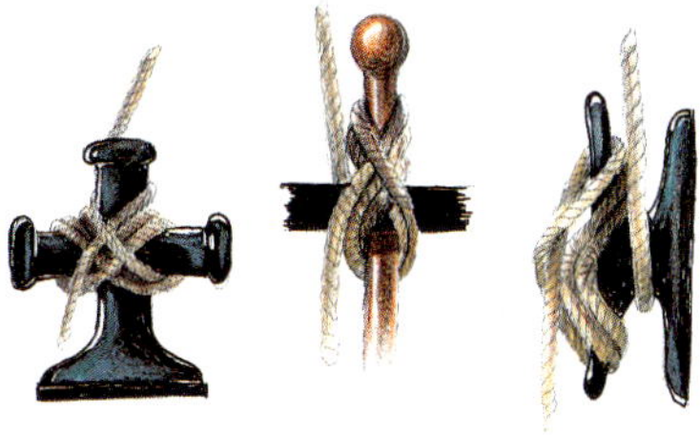

A bord d'un bateau, une amarre se tourne sur une bitte, un taquet ou, éventuellement, la poupée ayant servi à le virer. Sur des bittes, passer le cordage entre les deux pitons avant d'effectuer un enroulement en huit pour finir par une demi-clé. Sur une bitte, on pourra faire au choix un tour mort et deux demi-clefs, deux demi-clefs à capeler ou un tour mort et un nœud de chaise. On peut aussi faire un ou plusieurs tours morts et terminer en prenant le courant en double et en capelant l'œil ainsi obtenu sur la bitte. Ce nœud, qu'on utilise également sur une poupée, est dit "nœud de remorque". Vous le trouverez détaillé plus bas dans la partie consacrée au mouillage. Enfin, sur un taquet, on commence par un tour mort avant d'effectuer un ou deux huit pour terminer par une demi-clé sur le haut du taquet si celui-ci est vertical. Un petit conseil, quand vous tournez une écoute, faites un huit supplémentaire mais ne terminez jamais par une demi-clé. Trop souquée, celle-ci pourrait empêcher de libérer le taquet.

Cueillir une manœuvre

Les voiles hissées, il est important de lover les drisses pour conserver des bouts clairs, c'est-à-dire prêts à être rapidement largués pour pouvoir amener sans cafouillage. Au-delà, ce rangement permettra également d'éviter de laisser traîner sur le pont de véritables pièges : combien de chutes sont dues à un cordage mal rangé dans lequel on se prend le pied, ou sur lequel roule si facilement une semelle de chaussure…

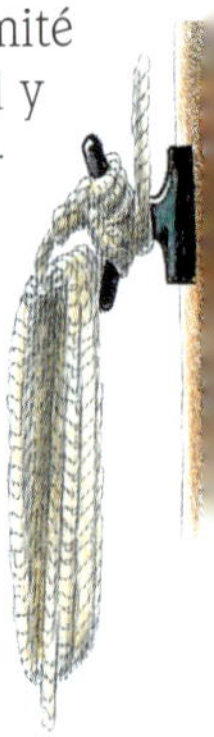

Pour lover une drisse, on progresse vers son extrémité avant de capeler la glène sur le taquet ou le cabillot. S'il y a suffisamment de place, le haut de la glène est maintenu par le cabillot et celle-ci est bridée par deux demi-clefs. Si la glène doit être tenue devant le taquet, le début du premier tour est ramené vers soi en passant à l'intérieur de la glène, puis torsadé de façon à faire un œil qui est capelé à l'oreille supérieure du taquet.

Une fois les drisses lovées, on devra procéder également au rangement de tous les autres cordages, amarres, écoutes, etc. pour une question de pratique, de sécurité… et d'esthétique !

Frapper une poulie

Il est possible d'étarquer une drisse ou de border une écoute avec un palan volant frappé à l'aide d'une erse ou d'une garcette. Avec le milieu de la garcette, on frappe le croc ou le ringot de la poulie contre le cordage en faisant trois tours morts, avant de faire remonter les deux parties de la garcette en spirales croisées pour terminer par un amarrage.

Avec une erse, l'opération est encore plus simple. Il suffit de la prendre en double, de l'appliquer au cordage par le milieu, puis de l'entourer en spirales croisées. Il reste alors à introduire les deux œils de l'extrémité de l'erse dans le croc de la poulie.

Enfin, si on utilise une poulie à fouet, on réalise un nœud de bosse avec le fouet de la poulie autour de la manœuvre sur laquelle on veut intervenir.

Bloquer un palan

Pour bloquer momentanément un palan, il suffit de coincer le courant sous le brin voisin à l'entrée de son clan. Pour un blocage plus sûr, on peut faire un amarrage plat simple avec bridure entre les deux brins.

Moucheter un croc

On mouchète un croc pour éviter que la manœuvre qui s'y trouve accrochée ne puisse s'échapper accidentellement.

Cela peut effectivement se produire dans le cas d'un palan d'écoute de misaine qui s'échappe si la voile claque dans un virement de bord. Le mouchetage consiste en un amarrage avec un filin de petit diamètre. On l'entoure en double sur le dos du croc puis on fait plusieurs tours entre le dos et le bec. On termine par une bridure à demi-clefs.

Le mouillage

Corps-mort et coffre

Avoir un corps-mort dans un estuaire ou dans un coin de port est une solution élégante, malheureusement de plus en plus difficile à trouver dans certaines régions littorales où les demandes grandissantes d'emplacement transforment de jolis plans d'eau en espaces d'enjeux économiques sous la forme de pontons. Pour autant, certains ports continuent à mettre à disposition des coffres, notamment en bordure de chenaux, et il reste parfois possible de mouiller son propre corps-mort après avoir demandé une autorisation à l'Equipement.

Bien que le pneu rempli de béton reste l'archétype du corps-mort, cette solution est loin d'être la meilleure, notamment parce qu'un pneu… ça roule ! Aussi, c'est une tout autre technique, particulièrement efficace, que l'on a intérêt à utiliser. Imaginée par les responsables du Centre nautique des Glénans, elle est le fruit de plusieurs décennies d'expérience.

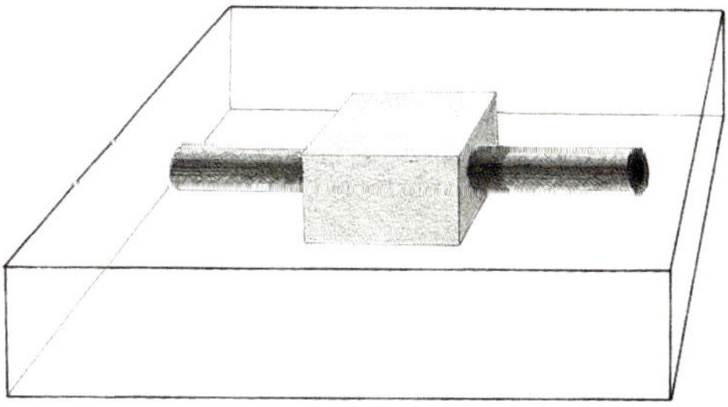

Il s'agit de couler un bloc de béton, de forme carrée, haut de 20 à 25 cm seulement pour éviter que, si le bateau s'y pose malencontreusement à marée basse, il ne se retrouve la quille en l'air. Pour une surface d'un mètre carré, ce bloc pèsera près de 500 kg, pour deux mètres carrés – soit 1,40 m de côté –, il fera près d'une tonne.

Le coffrage préparé aux dimensions choisies et muni en dessous et au-dessus de grillage en fer étiré, on installe au milieu du carré un bloc cubique de polystyrène de 25 cm d'arête traversé en son milieu d'une grosse barre d'acier d'au moins 60 cm de longueur et de 4 à 5 cm de diamètre. Surtout, ne lésinez pas sur le coût de cette barre, somme toute modique par rapport au prix de votre voilier… Un gros barreau ne s'usera en effet que lentement, alors qu'un fer de diamètre trop petit ou de qualité médiocre, tel le fer à béton, disparaîtra rapidement à cause de la corrosion et des frottements de la manille. Le béton co rène supprimé, on maille la "chaîn mais de fort diamètre) sur la barre leure solution consistera à utili manille en remplaçant son manillon avec un écrou et un contre-écrou, étant assuré en perçant un trou à travers le contre-écrou et la vis pour y nouer un filin synthétique, passé plusieurs fois, résistant sous l'eau.

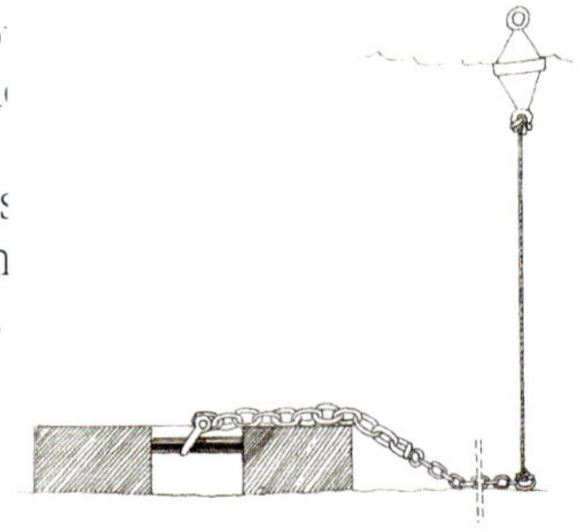

La chaîne-mère sera prolongée autre chaîne, d'un diamètre plu reliée par un jeu de manilles (assu éventuellement, un émerillon. L'e devra mesurer environ une fois et hauteur d'eau à la pleine mer. C petite chaîne ne sera pas maillée s la bouée mais la traversera et se te minera par une grosse manille s… laquelle les aussières de mouillage seront frappées. La petite chaîne peut être remplacée par un filin synthétique de fort diamètre. Une autre solution consiste à frapper un orin muni d'un flotteur à l'extrémité de la "chaîne-fille", pour pouvoir la remonter à bord et la tourner. Le plaisir des beaux appareillages sous voiles et des prises de coffre à mourir est alors à portée de main !

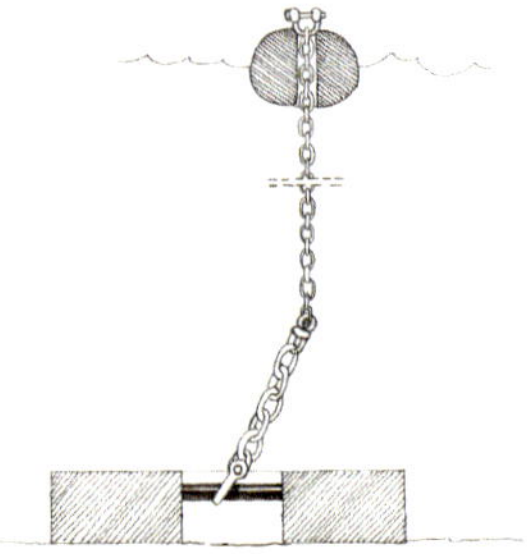

La ligne de mouillage

Elle est composée d'une chaîne et d'un cordage textile – exclusivement –, l'étalingure. Celle-ci doit toujours être amarrée dans le fond du bateau, mais facilement accessible, sur un anneau ou autour d'une varangue, soit à l'aide d'un tour mort et d'un nœud de chaise, soit avec un **nœud d'étalingure,** c'est-à-dire un tour mort repassé dans lui-même et muni d'un petit amarrage. Enfin, sur la chaîne ou sur l'ancre, les manilles doivent être freinées d'un solide fil de fer ou de textile synthétique qui sera régulièrement contrôlé.

Nœud d'étalingure

Si on mouille directement sur câble, celui-ci se frappe sur l'organeau de l'ancre avec un **nœud de grappin**, amarrage solide et sûr (75 % de résistance à la rupture) qui évite le ragage – le pire ennemi des amarres –, car il enserre fortement le métal. Classiquement constitué de deux tours morts dans lequel on repasse la première demi-clef avant de terminer par une deuxième, on peut d'ailleurs, pour répartir la pression sur plus de surface et limiter encore l'effet d'abrasion, le réaliser avec trois ou quatre tours morts au lieu des deux indiqués sur le schéma en les souquant fortement pour que seul le dormant travaille. Le seul inconvénient de ce nœud fréquemment employé réside dans la difficulté à le défaire s'il a été soumis à de fortes tractions et qu'il est mouillé (ce qui n'empêchera pas pour autant de génoper le courant sur le dormant, ou de le passer dans un toron s'il est destiné à rester à poste).

Nœud de grappin

Nœud d'orin

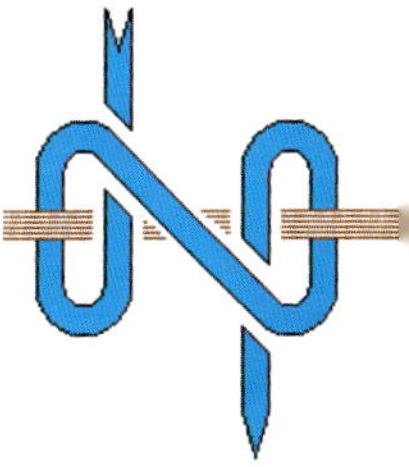

Pour éviter que l'ancre ne reste au fond le moment venu d'appareiller, on frappera sur son diamant un orin pour pouvoir la dégager si celle-ci vient à se bloquer sous une roche, une épave ou un autre mouillage. L'orin pouvant être capelé avec un simple nœud de chaise, rien n'empêche pour autant d'utiliser le nœud prévu à cet usage, en l'occurrence le **nœud d'orin**, composé seulement de deux demi-clés à capeler. Si la longueur de l'orin est équivalente à un peu plus de la hauteur d'eau, on le munira à son extrémité d'une bouée qui servira à le repêcher. Plus long, il pourra éventuellement être tourné à l'avant du bateau, en prenant toutefois garde qu'il ait une longueur suffisante pour ne pas risquer de relever l'ancre et de faire chasser quand la mer monte !

Si le vent ou le courant sont soutenus, il conviendra d'empenneler, c'est-à-dire de mouiller une deuxième ancre dans le prolongement de l'ancre principale de façon à ce que les deux ancres travaillent ensemble pour empêcher le bateau de chasser. Si on empennelle avant de mouiller, le câble de la petite ancre ou du grappin est fixé au diamant de la grosse ancre par un nœud de grappin. Si le bateau est déjà mouillé, on utilise l'orin de la première ancre sur lequel on capelle la petite ancre par un nœud d'étalingure.

Enfin, pour tourner une chaîne à bord, soit on effectue des tours morts sur une bitte ou un taquet, soit, si on se sert d'un guindeau, on utilise le nœud de remorque, amarrage particulièrement simple consistant à faire une boucle dans le courant de la chaîne, que l'on capellera sur la poupée après l'avoir fait passer sous le dormant de la chaîne.

Hiverner

Pendant la mauvaise saison, il est recommandé de désarmer et de préparer son bateau à l'hivernage. Qu'il soit à sec sous hangar ou sur l'eau au mouillage, il est important de prévoir une très bonne aération pour protéger l'intérieur et le pont de l'humidité, en soulevant les planchers, en ouvrant les coffres et les placards, et en vérifiant que les manches à air ne sont pas obstruées.

Pour éviter les eaux de pluie stagnantes et pouvoir ouvrir les hublots, l'idéal est d'installer une bâche au-dessus du pont. Selon vos moyens, vous pouvez avoir une belle bâche confectionnée sur mesure et dans un matériau moderne par un voilier, un article plus simple coupé par un fabricant de bâches, ou une simple toile en plastique armé que vous aurez vous-même taillée selon vos besoins. Quoi qu'il en soit, la toile doit être très solide pour supporter les tempêtes d'hiver.

Si jamais la tension ne suffit pas à limiter les creux, on peut disposer quelques planches sur le pont pour former une volige structurelle. Dans tous les cas, il faudra laisser des ouvertures aux extrémités pour favoriser une bonne aération, beaucoup d'air et un peu d'eau valant mieux qu'un peu d'eau et très peu d'air ! Sur les bateaux en bois, pour éviter le verdissement, source de pourriture, une imprégnation des bois vernis, des coins d'hiloires et des plats-bords avec un produit antifongique et anti-mousse sera la bienvenue.

Enfin, concernant l'amarrage de votre bateau, prenez garde à ce que les aussières ne sollicitent ni le taud ni les garcettes qui le maintiennent, au risque que la bâche ne passe pas l'hiver. Par ailleurs, n'oubliez pas de croiser les amarres pour qu'elles ne travaillent pas à ouvrir la coque.

Toutes ces précautions prises, vous aurez ainsi, au printemps, le plaisir de réarmer une embarcation qui n'aura pas trop souffert de la mauvaise saison. A ce moment, il sera d'ailleurs temps de profiter de l'occasion pour procéder à une vérification générale de l'accastillage et éventuellement du gréement si le bateau a été démâté. L'ensemble du bateau bien visité, vous pourrez alors appareiller en toute confiance.

ADRESSES UTILES DE CORDERIES

Alpes-Maritimes

Gremco

Câbles, cordages, épissures sur câbles. Mâts carbone.

1955, chemin Saint-Bernard, Porte n° 7, 06225 VALLAURIS CEDEX.

Tél. 04 93 64 19 19. Fax 04 93 64 80 18.

E-mail. gremco@gremco-sarl.com

Site web : gremco-sarl.com

Corse

Corse matelotage

Cordages, gréements, agent Marlow pour toute la Corse. Tous types de cordages avec finitions.

20230 MORIANI PLAGE.

Tél. 06 11 51 10 58. Fax. 04 95 38 58 60.

Finistère

Pycsail Yachts Equipements

Quai des Seychelles,
29900 CONCARNEAU.

Tél. 02 98 97 09 19.

E-mail. w.pycsail@pycsail.com

Kersaudy et Le Meur

Filets de pêche, fournitures pour la pêche professionnelle et sportive.

BP 20, 29180 GUENGAT.

Tél. 02 98 91 17 17. Fax. 02 98 91 17 18.

E.mail. kersaudylemeur@wanadoo.fr

Ets Le Drezen

Engins de pêche : chaluts, sennes, filets droits, trémails, filets spéciaux.

BP 46, Kerareun, Lechiagat,
29730 LE GUILVINEC.

Tél. 02 98 58 10 54. Fax. 02 98 58 93 33.

E-mail. info@ledrezen.com

Gironde

Larrieu Frères

Cordages en chanvre. Fabrication d'élingues, amarres, filets à grimper. Tous filets de pêche et de protection.

51, rue Sainte-Colombe, BP 151,
33036 BORDEAUX CEDEX.

Tél. 05 56 52 59 00. Fax. 05 56 48 11 76.

E-mail. w.larrieu-frères.fr

Hauts-de-Seine

Corderie Clément

Equipement de bateaux : haubans, gréements courants et dormants, poulies, cordages en fibres végétales et synthétiques, câbles d'acier. Accastillage. Bâches, tauds. Filets.

45, avenue Henri-Barbusse, BP 7, 92222 BAGNEUX CEDEX.

Tél. 01 45 36 12 34. Fax. 01 46 65 07 79.

E.mail. arnclem@club-internet.fr

Site web : www.corderie-clement.com

Mayenne

Corderie Henri Lancelin

Fabrique de cordages toronnés et tressés, gréements. Fibres LCP, cordages ininflammables. Cordages synthétiques imitation chanvre.

Parc des activités de la Hainaud, BP 20, 53500 ERNÉE.

Tél. 02 43 05 13 86. Fax. 02 43 05 24 57.

E.mail. Lancelin@dial.oléane.com

Seine-Saint-Denis

Seine et Lys

Drisses, cordages en chanvre et polypropylène, cordeaux en coton, sangles, élingues, produits de réparation quicksteel : mastic époxy pour la marine à base d'acier.

21, bd du Champy, ZI des Richardets, 93166 NOISY-LE-GRAND CEDEX.

Tél. 01 48 15 05 20. Fax. 01 48 15 05 25.

E.mail. info@seine-et-lys.fr

ASSOCIATIONS DE MATELOTAGE

International guild of knot tyers

Nigel Harding I.G.K.T., 16 Egles Grove, Uckfield, East Sussex, TN22 2BY
UNITED KINGDOM
www.igkt.craft.org

Association internationale des amateurs de nœuds

Graham MacLachlan
Musée de Tatihou
BP3, 50550 Saint-Vaast--La-Hougue
e-mail : graham.maclachlan@club.internet.fr

BIBLIOGRAPHIE

Matelotage et voilerie
Manuel à l'usage des plaisanciers
Georges Devillers
1971, réédition augmentée *Le Chasse-Marée*
Cet ouvrage de 304 pages, comprenant 900 illustrations, constitue la bible de ceux qui veulent approfondir leurs savoir-faire tant pour l'ensemble des travaux de matelotage que pour ceux de la voilerie.

Traité de manœuvre et de matelotage, 1860 - 1883
George S. Nares
1883, réédition *Le Chasse-Marée*
L'ouvrage apporte des informations précises sur les détails de gréement, les espars, les voiles, les apparaux, etc. qui s'appliquent aux bâtiments de la seconde moitié du XIXe siècle.

Le grand livre des nœuds
Clifford W. Ashley
1979, *Gallimard*
Les nœuds du marin, de l'artisan, du bricoleur, du montagnard, du pecheur.... 3800 nœuds à tout faire.

Encyclopédie illustrée des nœuds et des cordages
Geoffrey Budworth
1999, *Celiv*
200 nœuds expliqués et illustrés.

Les guides du *Chasse-Marée*

Guide des gréements
Guide des chants de marins
Guide des termes de marine
Guide de la construction des bateaux en bois
Guide des grands voiliers
Guide des voiliers de pêche
Guide de la manœuvre des petits voiliers traditionnels

Tous les ouvrages présentés dans cette bibliographie peuvent être commandés aux éditions *Le Chasse-Marée*, Abri du Marin, 29177 Douarnenez.

TABLE DES MATIÈRES

Fourrures, ligatures et garnitures

EPISSURES

TRAVAUX DE CONFECTION

VOILERIE

Pêche et matelotage

Travaux courants sur le pont

Photo de couverture :
Ifig Pleybert, gréeur installé à Douarnenez, sur le pont d'*Anna Rosa*,
(photo Bernard Ficatier)

Rédaction : Gwendal Jaffry et Claude Bas, Yves Gaubert, Michel Philippe.
Schémas des nœuds : Claude Bas
Dessins techniques : Claude Hascoët
Dessins d'ouverture des chapitres : Jean-Pierre Guillou

Maquette et mise en page :
Franck Nouy

Abri du Marin - Douarnenez

Photogravure : Stream
Achevé d'imprimé sur les presses de l'imprimerie Oberthur Graphique

ISBN : 2 914208 14 6
Dépôt légal mai 2002

Crédit photographique

G. Dagli Orti - Musée égyptien du Caire : p. 8. - **Benoît Stichelbaut :** pp. 9h, 11b, 12b, 14, 25, 108, 111b (2), 114h. - **Denis Glicksman :** pp. 9b, 64. - **Bernard Ficatier :** pp. 10h, 11h, 13, 17, 18, 24, 26, 28, 29b, 30, 36b, 37b, 40h, 55, 56, 57, 58, 59, 61h, 61b, 65, 66, 67, 69, 70, 71, 72, 78, 79, 80, 86, 87, 88, 90, 91, 93, 112h, 114b, 116, 117. - **Michel Thersiquel :** pp. 10b, 13, 22, 84, 85, 105, 120. - **Catherine Noury :** p. 12h. - **Franco Pace :** p. 19. - **Francis Holveck :** pp. 29h, 34, 35h, 37h, 39, 40b, 41, 42b, 43, 44, 45, 46, 47, 48, 49, 50, 51, 61m, 76, 77, 103, 104, 110h, 111b (1), 112m, 112b, 113h, 113b, 115, 119h, 119m, 120. - **André Linard :** pp. 31, 35b, 36m, 38, 42h, 96, 108b, 110b, 113m. - **Claude Bas :** pp. 36h, 68, 99h, 101, 102. - **Gwendal Jaffry :** p. 73. - **Eric de la Garanderie :** p. 81. - **Yves Gaubert :** pp. 98m, 98b, 100b. - **Serge Lucas :** pp. 97, 98h, 99b.